W0086211

Natürlich und nachhaltig
Einfache Projekte für mehr Nachhaltigkeit in Haus und Garten

Silke Rothenburger-Zerrer

Natürlich und nachhaltig

Einfache Projekte für mehr Nachhaltigkeit
in Haus und Garten

Jan Thorbecke Verlag

VERLAGSGRUPPE PATMOS

PATMOS
ESCHBACH
GRÜNEWALD
THORBECKE
SCHWABEN
VER SACRUM

Die Verlagsgruppe
mit Sinn für das Leben

Für die Verlagsgruppe Patmos ist Nachhaltigkeit ein wichtiger Maßstab ihres Handelns.
Wir achten daher auf den Einsatz umweltschonender Ressourcen und Materialien.

Alle Rechte vorbehalten
© 2021 Jan Thorbecke Verlag
Verlagsgruppe Patmos in der Schwabenverlag AG, Ostfildern
www.thorbecke.de

Gestaltung: Finken und Bumiller, Stuttgart
Alle Fotos: Silke Rothenburger-Zerrer (Seite 8: Gundula Wagner-Rexin)
Druck: PNB Print Ltd, Silakrogs
Hergestellt in Lettland
ISBN 978-3-7995-1531-3

Inhalt

Nur mal schnell die Welt retten?

Wer dieses Buch gekauft hat, der bzw. die macht sich wahrscheinlich Sorgen über die Zukunft unserer Umwelt. Und wahrscheinlich habt ihr auch den Wunsch, selbst etwas zu tun, damit es besser wird, ganz handfest und direkt, aber ohne auf eine einsame Insel zu ziehen. Wir hören von Mikroplastik in den Weltmeeren, in den Fischen, die dort leben, und in unseren Acker-böden, wir spüren den Klimawandel und erleben das Insektensterben. Da kann ich doch nicht einfach weitermachen wie gewohnt! Aber bringt das überhaupt etwas? Jeder kennt die Kom-mentare, dass sich sowieso nichts ändern wird, solange die Leute in andern Ländern ... usw. oder die Kritik, wenn ich es geschafft habe, einen kleinen Schritt zu mehr Nachhaltigkeit in meinen vollen Alltag zu integrieren: Das reicht nicht, das ist viel zu wenig, du müsstest viel mehr tun!

Auf der Suche nach den größeren Zusammenhängen haben wir uns an Germanwatch gewandt, eine NGO, die sich als Umwelt-, Menschenrechts- und Entwicklungsorganisation u.a. dem Kampf gegen die Klimakrise verschrieben hat. Wir haben gefragt, wie man es macht, nicht den Mut zu verlieren, was es mit dem ökologischen Fußabdruck auf sich hat und wie man seine Kraft am effektivsten einsetzt, um etwas zu bewirken.

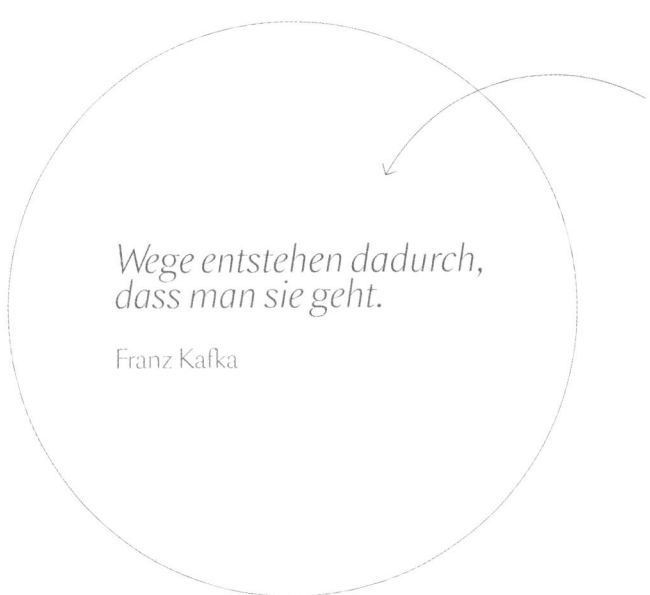

Wege entstehen dadurch,
dass man sie geht.

Franz Kafka

Wirksames Handeln für den Wandel

von Germanwatch

Die Transformation braucht viele Formen des Engagements.
Die Transformation braucht dich und dein Handeln mit Hand und Fuß.

Man könnte mutlos werden: Wir leben in der Klimakrise, die mit atemberaubender Geschwindigkeit immer neue Jahrhundertereignisse produziert. Hochwasser, Hitze, Trockenheit, Stürme und Hagel richten Rekordschäden an. Zugleich verschwinden täglich 150 Tier- und Pflanzenarten von der Erde. Auch diese Krise der Biodiversität raubt vielen die Zuversicht. Und die Vermüllung des Planeten und unserer Nahrungskette mit (Mikro-) Plastik ist Besorgnis erregend. Sie war für Silke Rothenburger der Anlass, dieses Buch zu schreiben. Längst geht es nicht mehr „nur" um den großen Strudel aus Plastikmüll im Pazifischen Ozean oder die vier anderen riesigen Müllstrudel in den Weltmeeren, sondern um Mikroplastik in unserer direkten Umgebung, in heimischen Gewässern und in unserem Essen. Laut einer Studie des WWF nimmt jeder Mensch auf der Welt im Durchschnitt 5 Gramm Mikroplastik in der Woche über das Essen auf. Das entspricht dem Gewicht einer Scheckkarte.

Wechselstimmung hin zu mehr Nachhaltigkeit

Aber: „Wo Gefahr ist, wächst das Rettende auch." In der Gesellschaft macht sich eine Wechselstimmung breit hin zu einer Politik, die ernsthaften Klimaschutz und Nachhaltigkeit umsetzt. *Fridays for Future* und viele Aktive haben dazu beigetragen, dass zukunftsfähigere Politik anfangsweise umgesetzt, gewollt und gewählt wird. Treibhausgase zu verursachen, also reisen, heizen, aber auch treibhausgasintensive Produkte zu konsumieren, wird dabei zwangsläufig teurer werden. Darum müssen wir uns auch für Klima*gerechtigkeit* einsetzen, das heißt, einen finanziellen Ausgleich anstreben, damit auch Haushalte mit wenig Einkommen nicht zu stark belastet werden. Klimagerechtigkeit heißt gleichzeitig auch, sich um die Menschen zu kümmern, die derzeit unter der sich verschärfenden Klimakrise besonders leiden: Von diesen leben die meisten in den Ländern des globalen Südens oder, wie man früher sagte, Entwicklungsländern. Viele können zunehmend wegen Trockenheit oder Überschwemmungen ihre Felder oder ihr Weideland nicht mehr nutzen, dadurch fehlt ihnen Einkommen, sie geraten ins Elend oder fliehen vor diesem Elend in anderen Regionen, zumeist andere Regionen in ihren Ländern oder in den Nachbarländern. Klimagerechtigkeit heißt auch, heute ernsthaften Klimaschutz zu betreiben, damit die jetzt junge Generation und kommende Generationen nicht durch dann notwendigerweise sehr viel mehr Klimaschutz belastet und in ihrer Freiheit eingeschränkt werden. Klimaschutz auch deswegen, um die Folgen der Klimakrise abzumildern. Klimagerechtigkeit zieht die Verursacher, aber vor allem die Politik in die Verantwortung. Politik muss nicht nur die Treibhausgase reduzieren, sondern dabei die Lasten gerecht verteilen. So zahlen zum Beispiel die Schweizer Bürgerinnen und Bürger seit Jahren eine CO_2-Abgabe, erhalten aber auch eine monatliche Pro-Kopf-Rückzahlung. So wird der Klimaschutz sozial gerecht umgesetzt.

Die Politik verändert die Rahmensetzung

Wenn man sieht, wie in vielen Ländern der Welt die Demokratie untergraben und geschwächt wird, fragt man sich schon, ob die Politik es wirklich schaffen wird, gerechten Klimaschutz umzusetzen. Aber es gibt ja auch noch die internationale Gemeinschaft. 2015 hat die Weltgemeinschaft nicht nur das beeindruckende UN-Klimaabkommen in Paris beschlossen, sondern auch die Agenda 2030 mit den Globalen Zielen für Nachhaltige Entwicklung (SDGs).

Das Klimaabkommen verpflichtet alle Länder, eine Politik zu machen, die die globale Erhitzung unter 2°C und möglichst bei 1,5°C hält. Wobei die Folgen einer Erhitzung auf 2°C deutlich gravierender wären als bei 1,5°C, weswegen eine Erhitzung auf 1,5°C zunehmend als Limit gesehen wird. 2015 wurden auch die Globalen Ziele für Nachhaltige Entwicklung (Sustainable Development Goals SDGs) in der Agenda 2030 verabschiedet, die in einem tollen internationalen Beteiligungsprozess entwickelt worden sind. Es sind 17 Ziele, unter anderem das Ende des Hungers, Zugang zu sauberem Wasser, zu Bildung und gerecht entlohnter Arbeit, aber auch Frieden, verlässliche Institutionen und technische Innovation. Das Klimaabkommen und die Globalen Ziele sind zukunftsweisende und bewahrenswerte Sternstunden internationaler Zusammenarbeit, die Hoffnung machen.

Bildung für nachhaltige Entwicklung: Lernen und gleichzeitig besser machen

Die Folgen des Klimawandels – Starkwetterereignisse oder schleichende Veränderungen, wie langjährige Dürren oder der Meeresspiegelanstieg – betreffen neben den Menschen in den Ländern des globalen Südens vor allem kommende Generationen sowie die jetzt junge Generation. Dabei lassen sich die langfristigen Auswirkungen nicht exakt berechnen. Je stärker die Treibhausgase ansteigen, desto unberechenbarer und teilweise auch unumkehrbar werden die Folgen.

Junge Menschen gehen wie nie in den letzten Jahrzehnten auf die Straße. Sie wissen: Es geht darum, ob sie und künftige Generationen in Würde überleben können. Auch darauf baut das UNESCO-Bildungsprogramm BNE 2030 auf. Es fordert eine Bildungsarbeit, die Menschen auf der ganzen Welt ermutigt sich für nachhaltige Entwicklung einzusetzen, und die darüber hinaus auch Bildung für nachhaltige Entwicklung (BNE) als konkreten Einsatz versteht: BNE in Aktion ist im Grunde Bürger-sein in Aktion. Es geht um Bildung, die selbst ein Schritt zu nachhaltiger Entwicklung ist: Einsatz für den Radweg an der Schule, gesundes Selbstgekochtes bei Sportturnieren des Vereins oder Solarstrom für Straßenküchen in Afrika – die Spanne der konkreten und bleibenden Veränderungen ist weit. Sie zielen direkt darauf, dass junge Menschen die Umsetzung der globalen Ziele für nachhaltige Entwicklung (SDGs) mitgestalten.

Engagement: der ökologisch und soziale Fußabdruck

Es gibt verschiedene Fußabdruckrechner. Sie berechnen, wie viele „Erden" euer Lebensstil benötigen würde, wie groß euer Flächenverbrauch oder wie hoch eure persönlichen Treibhausgasemissionen sind. Dieses Buch gibt gute und wichtige Anregungen, wie ihr euren Plastikverbrauch reduzieren und damit einen Beitrag zu weniger Umweltverschmutzung leisten könnt.

Die fünf großen Hebel des „Fußabdrucks" sind:
1. Wechsel zu einem Ökostromanbieter
2. Zukunftsfähiges Mobilitätsverhalten im Alltag und Urlaub, Flüge vermeiden oder unbedingt notwendige Flüge kompensieren
3. Konsum und Ernährung: weniger & langlebige Produkte kaufen, weniger Fleisch und Milchprodukte essen. Und nach dem Motto: regional, saisonal und bio einkaufen.
4. Wohnen: Heiztemperatur senken, Strom + Heißwasser sparen, erneuerbare Energien nutzen, saniert wohnen
5. Zukunftsfähige Geldanlage

Bleibende Veränderungen auch für andere schaffen – der Handabdruck

Der Fußabdruck hat aber auch einen Nachteil: Er konzentriert sich ganz auf die einzelne Person und bürdet ihr die Verantwortung auf. Die Verantwortung der Politik und der Konzerne gerät aus dem Blick. Übrigens ist der Fußabdruck auch weniger abhängig von politischen Einstellungen und Überzeugungen, sondern vor allem vom Einkommen. Wer mehr Geld hat, konsumiert mehr und hat zumeist einen größeren Fußabdruck.

Wir wollen nachhaltiges Verhalten in nicht nachhaltigen Strukturen – das bedeutet oft Frust für den Einzelnen. Ein typisches Beispiel dafür, wo der Fußabdruck „hinkt", ist der Nahverkehr: Auch wenn ich noch so gerne mit Bus und Bahn zur Arbeit fahren möchte, brauche ich funktionierende und günstige Verbindungen. Die Verantwortung dafür liegt nicht bei mir allein, sondern es geht um die Rahmenbedingungen, die von der Politik gesetzt werden. Um meinen Fußabdruck zu verkleinern, muss ich das Smartphone oder den Stift in die Hand nehmen und einen Leserbrief schreiben, der bessere Busverbindungen fordert, und – am besten zusammen mit Gleichgesinnten – dann in die Ratssitzung gehen. Ziel ist es, auf Dauer Strukturen zu schaffen, die nachhaltiges Verhalten für alle einfacher, preiswerter und naheliegender machen.

Aus diesem Gedanken ist der Handabdruck des positiven Engagements entstanden: Um nicht daran zu verzweifeln, dass wir nachhaltiges Verhalten innerhalb nicht-nachhaltiger Strukturen schaffen sollen, setzen sich immer Menschen dafür ein, Rahmenbedingungen in ihrem Umfeld zu verändern. Im Verein, in der Schule, im Betrieb oder im Stadtviertel. So kann nachhaltiges Verhalten einfacher werden auch für die, die sich (oft verständlicher Weise, da sie als Computerfachfrau oder Balletttänzer komplett eingespannt sind) keine Gedanken um Nachhaltigkeit machen. Es darf nicht mehr sein, dass ich mich entscheiden muss zwischen einer nachhaltigen, aber teuren und umständlichen Möglichkeit und der „normalen", die zwar schlechte Folgen für die Umwelt hat, aber einfacher und billiger ist. Nachhaltig muss das neue Normal werden. Und in jeder Entscheidungssituation sollte die nachhaltige Möglichkeit zur Standardmöglichkeit (z.B. der Grundtarif beim Strom) werden. Handabdruck-Engagement im Bereich Plastik gibt es z.B., wenn Vereine oder Kommunen beschließen, komplett aus Wegwerfgeschirr auszusteigen, oder wenn im Stadtteil ein (genossenschaftlicher?) Unverpacktladen entsteht oder wenn es die Schul-Umwelt-AG schafft, über einige Zwischenschritte (Wasserspender, neues Sortiment im Schulkiosk etc.) zur müllfreien Schule zu werden, und dies dann als Modell für alle Schulen in die Kommune trägt.

Viele Anregungen, wie man sich dafür einsetzen kann, gibt die Webseite www.handabdruck.eu. Unter www.germanwatch.org/de/thema/bildung bietet Germanwatch weitere Informationen, wie ihr euch engagieren könnt, um Strukturen in eurem Umfeld bleibend zu verändern.

Gesellschaftlich ändert sich zwar erst einmal wenig, wenn du deinen sozialen und ökologischen Fußabdruck verkleinerst. Trotzdem hat das, was du tust, auch noch andere Auswirkungen: Viele Pioniere probieren so neue Dinge aus, die dann später den Weg in den „Mainstream" schaffen. So erging es etwas dem Erneuerbaren Energien Gesetz (EEG), welches ein kleiner Solarverein in Aachen erdacht und zunächst in Aachen ausprobiert hat. Menschen, die etwas umsetzen und darüber reden, werden so auch zu Vorreitern, die es der Politik leichter machen, entsprechende Regelungen umzusetzen. Manchmal sind es auch Zwischenschritte, die den Weg zu nachhaltigen Lösungen aufzeigen.

Viel Spaß bei der Umsetzung der Beispiele im Buch und auch dabei, den Handabdruck des eigenen Engagements zu vergrößern, indem ihr ihr in eurem Umfeld Strukturen hin zu mehr Nachhaltigkeit verändert. Denkt dabei immer ans große Ganze, setzt Euch politisch ein und wählt zukunftsfähig!

Stefan Rostock
Germanwatch e.V.
Teamleiter Bildung für Nachhaltige Entwicklung
NRW Fachpromotor Klima und Entwicklung

Liebe Leserinnen und Leser ...

*Eines Tages brach ein Waldbrand aus. Bestürzt sahen die Tiere dem Wüten des Feuers
zu. Nur ein kleiner Kolibri flog umher und holte ein paar Tropfen Wasser, die er aus
seinem Schnabel auf die Flammen fallen ließ. Nachdem ein Gürteltier diesem Treiben
einige Zeit zugesehen hatte, rief es: „Kolibri, du bist verrückt, mit diesen paar Tropfen
wirst du das Feuer niemals löschen!" Der Kolibri antwortete: „Das kann sein. Aber ich
tue, was ich kann."*

Indianische Legende

Jeder von uns kann ein kleines bisschen die Welt retten. Das bedeutet nicht, dass wir von jetzt auf gleich unser Leben komplett umkrempeln und in allen Bereichen des Lebens 100% ökologisch und sozial korrekt handeln müssen. Das Umdenken zu mehr Nachhaltigkeit im Alltag funktioniert am besten ohne erhobenen Zeigefinger. Nachhaltigkeit macht Spaß, und jeder Schritt in die richtige Richtung ist schon ein kleiner Erfolg.

Der Startschuss für mehr Nachhaltigkeit in unserem Zuhause fiel, als ich einen Wocheneinkauf in den Küchenschränken verstauen wollte und mit Erschrecken feststellen musste, dass die Verpackungen und der Plastikmüll fast dasselbe Volumen hatten wie der Einkauf selbst. Als ich den Müllberg so auf der Küchenarbeitsplatte sah, war mir klar: Das muss sich ändern!

Seitdem versuche ich Obst und Gemüse möglichst unverpackt und regional einzukaufen. Verwende Bienenwachstücher statt Plastikfolie und stelle meine Haushaltsreiniger und einige Kosmetikprodukte selbst her.
Ich sammle mit Leidenschaft leere Gläser und Flaschen, die ich für meine Upcyclingprojekte oder zum Abfüllen selbstgemachter Reiniger verwende. Essensreste lassen sich prima in ausgespülten Marmeladen- oder Gurkengläsern im Kühlschrank aufbewahren. Wenn die Gläser nicht bis zum Rand befüllt sind, können sie sogar eingefroren werden. Natürlich verwende ich bereits vorhanden Plastikboxen weiter, Plastik wird hauptsächlich dann zur Belastung, wenn es weggeworfen wird.

Es macht mir inzwischen richtig Spaß, weniger einzukaufen und dafür mehr selber zu machen. Vieles, was gedankenlos weggeworfen wird, kann upgecycelt werden. So lassen sich z.B. aus leeren Klopapierrollen hübsche Verpackungen für Kleinigkeiten basteln oder aus einzelnen Socken Tawashi-Schwämme weben.
Schenken macht glücklich, und wenn nachhaltig geschenkt wird, freut sich nicht nur die Beschenkte, sondern auch die Umwelt. Ich verschenke am liebsten selbst gemachte Geschenke, wie Badepralinen, Körperöle oder selbst gegossene Kerzen, die ich in kleine Stoffsäckchen einpacke. Einen Überblick über die Projekte, die sich besonders gut als Geschenke eignen, gibt es auf Seite 116.

Mit diesem Buch möchte ich ein paar Inspirationen für ein natürliches und nachhaltiges Leben geben. Ich möchte zeigen, wie gut es sich anfühlt, etwas umzudenken, um damit den eigenen ökologischen Fußabdruck zu verbessern.

Bei meinen kleinen Projekten achte ich darauf, dass sie nicht zu viele exotische Zutaten enthalten, die sich nur schwer besorgen lassen und von denen ich vielleicht den Rest aus der Packung in den Müll geben muss. Eine Übersicht über die benötigten Zutaten gibt es auf Seite 113. Einige davon kommen in den Projekten immer wieder vor, z.B. Sheabutter und Bienenwachs. Die meisten gibt es im Lebensmittelladen oder im Bio-Supermarkt.

Lasst uns gemeinsam in die richtige Richtung gehen.

Silke Rothenburger-Zerrer

Naturkosmetik

Ich mache schon seit längerer Zeit viele meiner Kosmetikprodukte selbst. Bevor ich mich wirklich damit auseinandergesetzt habe, dachte ich, Kosmetik herzustellen sei aufwendig und man würde Unmengen an Zutaten benötigen. Das ist aber nicht so – für selbst gemachte Kosmetik braucht man meist nur wenige Zutaten, die in der Apotheke, im Bioladen oder in der Drogerie zu bekommen sind.

Auch muss für selbst gerührte Kosmetik kein Tier leiden. Viele Kosmetikprodukte werden immer noch an Tieren getestet. Außerdem enthalten viele herkömmliche Kosmetikprodukte Zutaten tierischen Ursprungs, wie Schuppen, Wolle und Talg. Das kann bei selbst gemachter Naturkosmetik nicht passieren, denn sie ist fast immer vegan.
Ich fülle meine selbst gerührten Kosmetikprodukte in sauber ausgespülte Tiegel, Flaschen oder Gläser ab, die zuvor eine andere Bestimmung hatten. So spare ich Plastik- und Verpackungsmüll.
An unsere Haut sollten wir wirklich nur Gutes lassen – bei selbstgemachten Kosmetikprodukten kann man selbst entscheiden, was im Tiegel und somit auf der Haut landet.
Meine Zutaten kaufe ich ausschließlich in Bio-Qualität. Ich benutze keine speziellen Töpfe etc., allerdings achte ich bei der Herstellung penibel auf Sauberkeit.

Eines meiner ersten selbstgemachten Kosmetikprodukte war ein Körperöl. Dabei habe ich den Fehler gemacht, ein Olivenöl als Basisöl zu verwenden. Das Öl hatte zwar tolle pflegende Eigenschaften, der Duft nach Olivenöl war dafür aber auch sehr intensiv. Seither setze ich lieber auf zart duftende Basisöle.

Zitrusfrisches Körperöl für einen guten Morgen

Ihr braucht

100 ml Mandelöl
5 Tropfen ätherisches Grapefruit-Öl
5 Tropfen ätherisches Rosmarin-Öl
5 Tropfen ätherisches Zitronen-Öl
kleine Flasche, evtl. mit Pumpspender

So wird es gemacht

1. Alle Zutaten in die Flasche füllen und gut schütteln.
2. Nach dem Duschen eine kleine Menge Öl in die noch feuchte Haut einmassieren.

Mein Tipp

Statt Mandelöl könnt ihr auch ein anderes Basisöl wie z. B. ein Jojoba- oder Aprikosenkernöl verwenden.

Zeitaufwand ca. 3 Minuten

In der kühleren Jahreszeit liebe ich es, mit duftenden Badezusätzen zu baden. Damit ich keine Badezusätze aus Plastikflaschen verwenden muss, mache ich mir mein duftendes Sprudelbad einfach selbst. Durch das im Badepulver enthaltene Natron wird der pH-Wert des Badewassers erhöht. Fett und Schmutz werden sanft gelöst, Bakterien abgetötet, und die Haut fühlt sich schön weich an.

Bade-Fizz –
Sprudelbad

Ihr braucht

100 g weiße Tonerde (Kaolin)
50 g Natron
25 g Zitronensäure
1 Handvoll getrocknete Tannennadeln,
   Rosmarinnadeln oder Rosenblätter
Glas mit Deckel

So wird es gemacht

1. Zuerst die getrockneten Tannennadeln im Blitzhacker ganz fein mahlen.
2. Dann Tonerde, Natron und Zitronensäure in einer kleinen Schüssel gut miteinander vermischen.
3. Nun die fein gemahlenen Tannennadeln untermischen.
4. Das Badepulver in das Aufbewahrungsglas abfüllen.
5. Für ein Vollbad 2 bis 3 Esslöffel Bade-Fizz ins Badewasser geben.

Achtung: Bei der Zubereitung darf das Pulver nicht mit Wasser in Berührung kommen, da es sonst sofort lossprudelt.

Mein Tipp
Für farbiges Badepulver kann etwas Lebensmittelfarbe in Pulverform mit untergemischt werden.

Sprudelbad

selbst gemacht • 100% Natur

Das Body Scrub mit Rosenblüten fördert die Durchblutung der Haut und rubbelt raue und trockene Hautschuppen einfach weg.

Body Scrub
mit Rosenblüten

Ihr braucht

200 g Meersalz
5 Tropfen Rosenöl
3 EL festes Kokosöl
1 Handvoll frische
   Rosenblütenblätter
   (ungespritzt)
Glas mit Deckel

So wird das Körperpeeling gemacht

1. Das Salz mit dem Kokosöl in den Mixer geben und gut vermengen.
2. Die Rosenblüten zusammen mit dem Rosenöl zur Salzmischung geben und kurz untermixen.
3. Das Body Scrub in ein Glas abfüllen und mit einem hübschen Etikett verzieren.

Mein Tipp

Das Peeling sollte sich wie feuchter Sand anfühlen. Sollte es zu trocken sein, könnt ihr noch ein bisschen Kokosöl einrühren. Wenn es zu feucht ist, einfach noch etwas Salz untermischen.

Zeitaufwand ca. 5 Minuten

Kaffeesatz ist zum Wegwerfen viel zu schade. Das braune Pulver kann noch vielseitig eingesetzt werden, wie z.B. bei diesem wunderbar pflegenden Handpeeling. Das Peeling tut übrigens nicht nur den Gärtnerhänden gut, es kann ebenso gut als Körperpeeling verwendet werden.

Kaffeepeeling –
toll für Gärtnerhände

Ihr braucht

1 EL Kokosöl
2 EL Honig
250 g Kokosblüten-
   oder Rohrzucker
4 EL Kaffeesatz

So wird es gemacht

① Das Kokosöl mit dem Honig etwas erwärmen.
② Dann den Zucker zusammen mit dem Kaffee-satz gut unterrühren.
③ Die Mischung in ein Schraubglas füllen.

Öko-Tipp

Manche Kosmetikprodukte (oft z. B. Peelings) enthalten Mikroplastik. Allein dadurch gelangen pro Jahr mehr als 900 Tonnen Mikroplastik ins Abwasser, das von den Kläranlagen nicht vollständig herausgefiltert werden kann.

Zeitaufwand 5 Minuten

Das Gänseblümchen findet man fast das ganze Jahr über im eigenen Garten oder auf der Wiese. Die kleinen Blümchen sind nicht nur hübsch anzusehen, in ihnen steckt gewaltig Power.
Die wertvollen Inhaltsstoffe helfen bei Wunden und Prellungen.

Gänseblümchen-Öl

Ihr braucht

1 Handvoll Gänseblümchen
100 ml Mandelöl
Glas mit Schraubdeckel
kleine Flasche evtl. mit Pipette,
  um das Öl aufzubewahren

So wird es gemacht

1. Die Gänseblümchen pflücken und kurz liegen lassen, damit eventuelle Bewohner flüchten können. In das Glas mit Schraubdeckel geben.
2. Die Blümchen mit dem Mandelöl übergießen. Die Gänseblümchen müssen komplett mit Öl bedeckt sein.
3. Das Glas gut verschließen und dann 10 Tage bei Tageslicht (nicht in der Sonne) stehen lassen. Während der „Ruhezeit" das Öl einmal täglich schütteln. So lösen sich die Wirkstoffe der Gänseblümchen besonders gut.
4. Nach 10 Tagen wird das Öl durch einen Teefilter abgeseiht und in ein dunkles Fläschchen gefüllt.
5. Das Öl an einem kühlen, dunklen Ort aufbewahren.

Mein Tipp

Für den Kaltauszug können auch getrocknete Gänseblümchen verwendet werden. Ringelblumen und Kamille können ebenso verarbeitet werden.

Wer Probleme beim Einschlafen hat, sollte es unbedingt einmal ein Kissenspray ausprobieren! Die Duftmischung aus Lavendel und Zirbe sorgt für eine kuschelige Atmosphäre im Schlafzimmer und beruhigt Geist und Körper. Das Spray ist ganz einfach aus wenigen Zutaten herzustellen.

Kissenspray –
für süße Träume

Ihr braucht

15 ml Wodka
15 ml destilliertes Wasser
6 Tropfen ätherisches Zirbenöl
6 Tropfen ätherisches Lavendelöl
kleine Sprühflasche

So wird es gemacht

1. Alle Zutaten in die kleine Sprühflasche geben, verschließen und gut durchschütteln.
2. Vor jeder Verwendung die Mischung aufschütteln.
3. Das Kissenspray etwa eine halbe Stunde vor dem Schlafengehen auf das Kissen aufsprühen.

Mein Tipp

Wer den Duft von Lavendel nicht mag, ersetzt diesen einfach durch 6 Tropfen Neroli-Öl.

 Zeitaufwand ca. 5 Minuten

Pflege aus dem Küchenschrank. Manchmal braucht unsere Gesichtshaut ganz besonders viel besondere Zuwendung. Das bedeutet aber nicht, dass man jetzt zu überteuerten Luxusprodukten greifen muss. Für dieses milde Peeling reicht der Griff in den Küchenschrank völlig aus. Peelings entfernen abgestorbene Hautpartikel und helfen so bei der Erneuerung der Haut. Außerdem nähren sie diese mit gesunden Inhaltsstoffen.

Mildes Haferflocken-peeling für Gesicht und Dekolleté

Ihr braucht

50 g Haferflocken
30 g Kokosöl
20 g Honig
10 g Rosenwasser oder
  Wasser
ein Mörser oder Mixer
zwei Töpfe o.Ä. für ein
  Wasserbad

So wird es gemacht

1. Die Haferflocken im Mörser oder mit dem Mixer etwas zerkleinern.
2. Kokosöl, Honig und Rosenwasser in einem kleinen Topf oder einer Metallschüssel vermischen
3. Dann den Topf in ein warmes Wasserbad stellen und solange rühren, bis sich die Zutaten schön miteinander verbinden. Die Masse sollte nur warm werden, nicht kochen.
4. Die ölige Mischung zu den Haferflocken geben. Das Ganze so lange rühren, bis eine breiige Masse entsteht.
5. Das Peeling auf die saubere Haut auftragen und etwa 20 Minuten einwirken lassen. Dann mit lauwarmem Wasser abwaschen.

Mein Tipp

Das Peeling hält sich in einem Gefäß mit Deckel etwa 3 Tage im Kühlschrank.

Zeitaufwand: 5 Minuten

Handelsübliche Deos mit Aluminiumsalzen bergen nicht nur gesundheitliche Gefahren, sie belasten dazu noch die Umwelt. Zum Glück gibt es immer mehr Deos mit dem Aufdruck „ohne Aluminium" im Handel. Das heißt aber nicht, dass keine ungesunden Zusätze enthalten sind. Ich mache mein Deo am liebsten selbst, damit umgehe ich nicht nur unnötige schädliche Stoffe, sondern spare auch jedem Menge Plastikmüll.

Deo-Creme

Ihr braucht

30 g Kokosöl
3 g Bienenwachs
15 g Natron
15 g Maisstärke
5 Tropfen ätherisches
  Salbei- oder Zitronenöl
zwei Töpfe für ein Wasserbad
Glastiegel mit Deckel

So wird es gemacht

1. Das Bienenwachs und das Kokosöl zusammen im Wasserbad schmelzen.
2. Den Topf vom Herd nehmen. Natron und Maisstärke unterrühren.
3. Das ätherische Öl einrühren.
4. In einen sauberen Tiegel füllen und verschließen

Mein Tipp

Wer sehr empfindliche Achselhaut hat, nimm etwas weniger Natron und dafür etwas mehr Maisstärke.

Zeitaufwand ca. 10 Minuten

Ich verrate euch jetzt, was ich sehr gerne verschenke. Entspannung und ein wenig Luxus! Und zwar in Form von selbst gemachten Badepralinen mit Lavendel. Die Badepraline in einer Badewanne voll warmem Wasser lässt die Beschenkte herrlich runterkommen und macht die Haut dazu noch wunderbar weich. Hübsch verpackt sind sie sicherlich die kalorienärmsten und entspannendsten Pralinen der Welt!

Duftende Lavendel-Badepralinen

Ihr braucht

für 10 Stück

100 g Natron
50 g Zitronensäure
35 g Maisstärke
50 g Kakaobutter
1 EL Kokosöl
1 EL getrocknete
   Lavendelblüten
15 Tropfen ätherisches
   Lavendelöl
optional: lila Lebensmittelfarbe

außerdem

ein paar getrocknete Lavendelblüten zur Deko
20 Pralinenkapseln aus Papier

So wird es gemacht

1. Das Kokosöl und die Kakaobutter in einen kleinen Topf geben und bei niedriger Temperatur langsam schmelzen lassen.
2. Währenddessen Natron, Zitronensäure, Maisstärke und die Lavendelblüten in einer kleinen Schüssel mischen.
3. Auf einem Holzbrett oder Teller jeweils 2 Pralinenkapseln ineinander stellen.
4. Die geschmolzene Kakaobuttermischung in die Schüssel mit den trockenen Zutaten geben und mit einem Löffel gut verrühren.
5. Zum Schluss das ätherische Lavendelöl und, wenn gewünscht, die Lebensmittelfarbe hinzufügen und nochmals gut verrühren.
6. Die Masse nun zügig in die Förmchen füllen und mit den Lavendelblüten dekorieren.
7. Die Badepralinen an einem kühlen Ort ganz fest werden lassen. Dann aus den Förmchen lösen und hübsch verpacken.
8. Für ein Vollbad braucht Ihr eine Badepraline.

Mein Tipp

Bei der Herstellung zügig arbeiten, die Masse wird recht schnell fest.
Die Pralinenmasse kann auch in Eiswürfelförmchen aus Silikon gedrückt werden.

Nach dem Sommerurlaub in den Bergen oder am Meer oder auch im Winter, wenn die Heizung ständig an ist, fühlen sich meine Haare oft an wie Stroh. Natürlich könnte ich dann in eine Drogerie fahren, um mir ein buntes Haarkur-Tiegelchen – mit oft bedenklicher Zusammensetzung – besorgen. Oder ich könnte mir einen Conditioner selber machen.

Mein selbstgemachter Conditioner zum Sprühen ist ein wahres Wunder. Er zaubert richtig schönen Glanz in die Haare und hat einen angenehm frischen Geruch, der überhaupt nicht aufdringlich ist. Die Haare fühlen sich schön weich an, und der Conditioner hilft auch gegen Frizz.

Leave-In-Conditioner

Ihr braucht

15 g Kokosöl
250 ml destilliertes Wasser
125 ml Aloe-Vera-Saft
5 Tropfen Weizenkeimöl
Sprühflasche

So wird es gemacht

1. Das Kokosöl in einem kleinen Topf erwärmen und dann mit dem destillierten Wasser und dem Aloe-Vera-Saft verrühren.
2. Die Mischung in eine Sprühflasche geben.
3. Das Weizenkeimöl in die Sprühflasche träufeln.
4. Die Sprühflasche verschließen und gut durchschütteln.
5. Ein paar Sprühstöße ins handtuchtrockene Haar sprühen und etwas einmassieren.

Öko-Tipp

Über Mikroplastik im Wasser wird viel berichtet. Weniger jedoch über Silikon und andere flüssige Kunststoffe wie Acrylate, Polyquaternium und Paraffine, die häufig in Conditionern und Spülungen verwendet werden. 46 900 Tonnen flüssige Polymere aus Kosmetik und Reinigungsmitteln gelangen jedes Jahr ins Abwasser. Ein Teil davon in die Gewässer und über den Klärschlamm auf den Acker.

Zeitaufwand ca. 10 Minuten

Lippenpflege enthält oft bedenkliche Zusatzstoffe. Dabei ist es gar nicht schwer, einen vollkommen natürlichen Lippenbalsam selbst zu machen. Ein selbst gemachter Lippenbalsam ist auch immer eine prima Geschenkidee.

Pflegender Lippenbalsam

Ihr braucht

10 g Sheabutter
10 g Kokosöl
10 g Bienenwachs
1 Tropfen ätherisches Öl,
  z.B. Rose
Topf und kleine Schüssel
  für ein Wasserbad
Holzlöffel
Metall- oder Glastiegel
  mit Schraubdeckel

So wird es gemacht

1. Die Sheabutter, das Kokosöl und das Bienenwachs in eine kleine Schale gegeben und bei niedriger Temperatur im Wasserbad schmelzen.
2. Sobald sich die Zutaten verflüssigt haben, alles gut zu einer homogenen Masse verrühren.
3. Die Masse etwas abkühlen lassen, dann wird das ätherische Öl untergerührt.
4. Nun die Masse in den kleinen Tiegel füllen und an einem kühlen Ort abkühlen lassen.

Mein Tipp
Wer es gerne etwas farbig mag, kann einfach eine Messerspitze Lippenstift in die noch warme Masse rühren.

Zeitaufwand ca. 10 Minuten

Unsere Haut ist unser größtes und wichtigstes Organ. An sie sollten wir nur Gutes lassen. Ich pflege meine Haut gerne mit einer zarten Body Whip, selbstgerührt und frei von Emulgatoren und Konservierungsmitteln. Eine Body Whip oder auch Körpersahne ist ein super Feuchtigkeitsspender und gerade bei sehr trockener Haut eine Wohltat. Sie kann sehr sparsam angewendet werden und schmilzt beim Auftragen auf der Haut.

Sheabutter Body Whip

Ihr braucht

65 g Sheabutter
30 g Mandelöl
10 Tropfen ätherisches Öl
   z.B. Orangenöl
Töpfe für ein Wasserbad
1 Glastiegel

So wird es gemacht

1. Die Sheabutter über einem Wasserbad vorsichtig schmelzen. Achtung, die Butter sollte nicht über 40 °C erhitzt werden.
2. Nun das Mandelöl zur geschmolzenen Sheabutter geben und mit einem Schneebesen verrühren.
3. Die Mischung für etwa eine Stunde in den Kühlschrank stellen.
4. Die wieder fest gewordene Masse mit dem Schneebesenaufsatz des Handrührgeräts fluffig aufschlagen.
5. Zum Schluss das ätherische Öl unterrühren.
6. Wenn alles gut verrührt und schön fluffig ist, kann die Body Whip in das Glas abgefüllt werden.

Mein Tipp

Ich verwende für die Body Whip im Sommer gerne frisch duftende ätherische Öle wie Minze, Orange oder Zitrone. Für die kältere Jahreszeit darf es gerne Zimt oder ein holziger Duft sein.

 Zeitaufwand ca. 15 Minuten – ca. 1 Stunde Kühlzeit

BodyWhip 🍃

selbst gemacht · 100% Natur

Diese Kosmetikpads bzw. Abschminkpads landen nach dem Gebrauch nicht im Müll, sondern in der Waschmaschine. Sie lassen sich gut bei 60° C waschen – auch wenn der Wollhersteller die Wäsche bei maximal 40° C empfiehlt.

Farbenfrohe Kosmetikpads häkeln

Ihr braucht

Häkelnadel, 4,5 mm
Wollnähnadel
Schere
Baumwollgarn/Topf-
lappengarn

So wird es gemacht

① Drei Luftmaschen häkeln und mit einer Kettmasche zur Runde schließen.

② Erste Runde: In dieser Runde wird ausnahmsweise nicht in die Maschen eingestochen, sondern direkt in den Luftmaschenring gehäkelt. Drei Luftmaschen arbeiten und dann acht Büschelmaschen in den Luftmaschenring häkeln, das bedeutet, dass in jede Masche der ersten Runde zwei Büschelmaschen gehäkelt werden. Dabei nach jeder der acht Büschelmaschen jeweils eine Luftmasche arbeiten. Die Runde mit einer Kettmasche schließen.

③ Zweite Runde: Drei Luftmaschen häkeln. In die 16 Maschen der Vorrunde 16 Büschelmaschen arbeiten. Auf jede Büschelmasche folgt eine Luftmasche.

④ Die Runde mit einer Kettmasche abschließen und die Fäden vernähen.

Öko-Tipp

Herkömmliche Wattepads sorgen nicht nur für jede Menge Müll im Badezimmer, sie sind auch oft gesundheitsschädlich. Pestizidrückstände und Bleichmittel auf den Wattepads können durch Haut und Schleimhäute in den Körper gelangen. Außerdem wird beim Baumwollanbau sehr viel Wasser benötigt: für 1 kg Baumwolle ca. 11.000 Liter.

Eine feste Handcreme selber zu machen ist wirklich nicht schwer. Die Zutaten bekommt man alle im Bioladen oder in der Drogerie. Ich finde die kleinen Würfel super praktisch, und sie sehen dazu noch schön aus. Zum Mitnehmen in der Handtasche empfiehlt es sich, die feste Handcreme in eine kleine Blechdose oder einen leeren Cremetigel zu legen.

Feste Handcreme

So wird es gemacht

1. Das Bienenwachs, die Kakaobutter und das Pflanzenöl im Wasserbad erwärmen, bis alles flüssig ist.
2. Die Hitze reduzieren, die Sheabutter hinzufügen und ebenfalls schmelzen lassen.
3. Ein paar Tropfen ätherisches Öl dazugeben.
4. Die Masse gut verrühren und in die Eiswürfelform gießen. Im Kühlschrank 2–3 Stunden fest werden lassen.
5. Die festen Creme-Stücke aus der Form nehmen.

Ihr braucht

(für ca. 6 Stück je nach Größe der Eiswürfelform)

30g Bienenwachs
60g Kakaobutter
50g Sheabutter
6 TL Arganöl
ein paar Tropfen ätherisches Öl
(z.B. Thymianöl)
Eiswürfelform

Mein Tipp
Zum Verschenken die Cremewürfel in Wachspapier einpacken.

 Zeitaufwand etwa 20 Minuten

Die Öl-Massage in Kerzenform duftet während der Anwendung wunderbar und verwöhnt die Haut mit pflegenden Inhaltsstoffen.

Massagekerzen

Ihr braucht

100 g Mandelöl
100 g Sojawachsflocken
60 g Sheabutter
60 g Kakaobutter
15 Tropfen ätherisches
   Lavendel-Öl
3 Kerzengläser
3 Kerzendochte (aus Garn
   oder Holz) mit Fuß
Schüssel und Topf für ein
   Wasserbad

So wird es gemacht

1. In die Mitte jedes Glases einen Docht stellen. Wenn Docht aus Garn verwendest wird, sollte er mit einer Wäscheklammer fixiert werden. (Die Klammer liegt dabei oben auf dem Glasrand und hält den eingeklipsten Docht in der Mitte).
2. Alle Zutaten bis auf das Lavendel-Öl in eine Metallschüssel geben. Im Wasserbad schmelzen und gut miteinander verrühren.
3. Wenn alles geschmolzen ist, das Lavendel-Öl vorsichtig unterrühren.
4. Das flüssige Wachs sehr vorsichtig in die vorbereiteten Gläser gießen.
5. Die Massagekerzen an einem kühlen Ort aushärten lassen.

Zur Massage wird die Kerze angezündet und sollte ca. 5 Minuten brennen, dann ist genügend Wachs flüssig. Das flüssige Wachs auf die Hand träufeln und sofort losmassieren.

Zum Verschenken mit einem Kerzenlabel bekleben.

Achtung: Das flüssige Wachs immer zuerst in die Hand und nie direkt auf den Körper gießen.

Seifensäckchen eignen sich prima, um Seifenstücke zum Beispiel in der Dusche aufzuhängen. Die Seife kann so gut trocknen und lässt sich auch darin aufschäumen. Wenn die Säckchen aus etwas gröberem Hanfseil gestrickt werden, können sie gleichzeitig als Massageschrubber eingesetzt werden.

Für ein schaumiges Vergnügen – schnell gestricktes Seifensäckchen

Ihr braucht

Hanf- oder Sisalschnur
Stricknadeln Nr. 3,5
dicke Stopfnadel
1 Holzperle

So wird es gemacht

1. Zuerst so viele Maschen anschlagen, dass etwa 20 cm Anschlag auf der Nadel ist.
2. Dann bis zu einer Höhe von 11 cm kraus rechts stricken und locker abketten.
3. Die kurzen Seiten aufeinanderlegen. Mit einer Stopfnadel diese und eine weitere offene Kante zusammennähen. Dazu wird der restliche Faden verwendet.
4. Jetzt das Säckchen wenden. Am oberen Rand ein Stück Hanf- oder Sisalschnur mit großen Stichen durch die Maschen ziehen.
5. Zum Schluss eine Holzperle über die beiden Kordelenden schieben und verknoten

Mein Tipp

Wer es nicht so kratzig mag, kann das Seifensäckchen auch aus einem Baumwollgarn stricken. Das Säckchen sollte nicht im Feuchten liegen bleiben, sondern frei hängen, damit die Seife und das Säckchen gut trocknen können.

Zeitaufwand ca. 20 Minuten

Ein natürliches Zuhause

Wer in seinen eigenen vier Wänden nahhaltiger leben möchte, muss nicht seine ganzen Gewohnheiten über Bord werfen. Oft helfen schon kleine Veränderungen, die Umwelt zu schonen. So benötigt man z.B. nicht für jeden Fleck ein anders Mittelchen. Es ist erschreckend, dass jedes Jahr circa 480 000 Tonnen herkömmlicher Putzmittel verkauft werden, die dann im Abfluss landen und somit unser Wasser stark belasten.

Seit ich meine Putzmittel aus ein paar einfachen Hausmitteln wie Natron oder Essig selber mache, spare ich nicht nur Geld, sondern schone gleichzeitig die Umwelt und somit auch unsere Gesundheit.

Statt Alu- oder Frischhaltefolie zu benutzen, greife ich gerne auf Bienenwachstücher zurück. Diese sind nicht nur wiederverwendbar, sie sehen auch noch hübsch aus.

Vieles, was täglich in der Mülltonne landet, könnte mit ein wenig Kreativität „upgecycelt" und dann weiterverwendet werden. So lassen sich z.B. aus einzelnen Socken, hübsche Tawashi-Schwämme weben oder aus einer alten Jeans Nikolausstiefel nähen.

Ich finde es großartig, alten Dingen einen neuen Nutzen zu geben!

Glasreiniger

selbstgemacht · 100% Natur

Auf den Spiegeln und auf Fensterscheiben fällt einem Schmutz und Staub buchstäblich ins Auge. Mit diesem selbstgemachten Glasreiniger wird alles ganz schnell wieder blitzblank. Das Ethanol (Spiritus) sorgt für Streifenfreiheit, und der Essig entfernt Kalk und Fett.

Glasreiniger

Ihr braucht

0,25 l Wasser
0,25 l Spiritus
3 TL Teelöffeln weißer Essig
Sprühflasche

So wird es gemacht

1. Einfach alle Zutaten in eine leere Sprühflache füllen und gut durchschütteln.

Öko-Tipp

Wenn ihr auf die Inhaltsstoffe von Kosmetikprodukten und Reinigungsmitteln schaut, ist oft eine der ersten Zutaten Wasser (in der Kosmetik: „Aqua"). Wer seine Kosmetik und Reinigungsmittel selbst macht, vermeidet also, dass sehr viel Wasser überflüssig verpackt und in der Welt herumtransportiert wird.

In den Herbst- und Wintermonaten, fallen bei uns immer ganz schön viele Orangenschalen an. Es wäre schade, sie einfach zu entsorgen, denn sie lassen sich super zu einem herrlich duftenden Orangen-Allzweckreiniger verarbeiten.

Orangen-Allzweckreiniger

Ihr braucht

Schalen von Bio-Orangen
weißer Haushaltsessig
(keine Essig-Essenz)
1 großes Einmachglas
1 leere Sprühflasche

So wird es gemacht

1. Die Orangenschalen in kleine Stücke reißen und in das Einmachglas füllen.
2. Die Schalenstücke mit dem Essig übergießen. Die Orangenschalen müssen vollständig bedeckt sein.
3. Das Glas verschließen und den Ansatz etwa 2 Wochen stehen lassen.
4. Sollte etwas Essig verdunsten, einfach wieder etwas nachgießen. Die Orangenschalen müssen immer mit Essig bedeckt sein, sonst könnten sie schimmeln.
5. Nach zwei Wochen den Reiniger durch ein Sieb in eine leere Sprühflasche abgießen.

Der Reiniger eignet sich für alle glatten Oberflächen und verbreitete dazu noch einen frischen Duft. Das Orangenöl, das aus den Schalen in den Essig übergeht, riecht nicht nur gut, sondern wirkt auch stark fettlösend, die Säure aus Essig und Orange löst Kalk.

Öko-Tipp

Herkömmliche Putz- und Reinigungsmittel belasten die Gewässer. Die in den Klärwerken nicht abbaubaren Rückstände landen in den Fließgewässern. Von dort gelangen sie im schlimmsten Fall ins Trinkwasser oder zurück in die Nahrungskette.

Zeitaufwand – 5 Minuten für den Ansatz, Ruhezeit etwa 2 Wochen

Raumdüfte sorgen zuhause für eine entspannte Atmosphäre. So bringen z.B. Zimt und Vanille im Winter wohlige Stimmung ins Haus. Ein erfrischender Raumduft für die Sommermonate lässt sich mit Rosmarin , Zitrus oder Grapefruitöl herstellen. Ein Raumduft mit Eukalyptus oder Minze wirkt anregend und steigert die Konzentration.

Natürlicher Raumduft – Lufterfrischer

Ihr braucht

eine Glasflasche mit einem
    dünnen Hals
100 ml Sonnenblumenöl
10 Tropfen ätherisches Öl
10 Schaschlikspieße
Kräuterzweig, Zimtstange,
    Vanilleschote (optional)

So wird es gemacht

1. Zuerst das Sonnenblumenöl mit dem ätherischen Öl vermischen und die Mischung vorsichtig in die Glasflasche gießen.
2. Als Deko können ein Kräuterzweig, eine Zimtstange oder eine halbe Vanilleschote mit in die Flasche gegeben werden.
3. Zum Schluss die Holzstäbchen in das Glasgefäß stellen.

Mein Tipp

Je mehr Schaschlikspieße in der Flasche stecken, desto intensiver ist der Duft. Falls der Duft zu stark ist, einfach ein paar Stäbe aus der Flasche entfernen.

Ätherischen Ölen, die in der Aromalampe verdampfen, können nicht nur die Stimmung eines ganzen Raumes beeinflussen. Manche ätherischen Öle können außerdem Keime in der Raumluft abtöten und die Immunabwehr stärken. Andere wiederum wirken konzentrationsfördernd, stimmungsaufhellend oder beruhigend bei Stress.

Meine liebsten Duftmischungen für die Aromalampe

Wohlfühlmischung für die Erkältungszeit

3 Tropfen Zimt
2 Tropfen Nelke
2 Tropfen Orange
1 Tropfen Rosmarin
1 Tropfen Thymian

Entspannende Duftmischung

4 Tropfen Orange
3 Tropfen Lavendel
2 Tropfen Vanille

Weihnachtsmischung

2 Tropfen Orange
3 Tropfen Zimt
1 Tropfen Nelke
1 Tropfen Vanille

Belebende Duftmischung

8 Tropfen Zitrone
4 Tropfen Teebaumöl
4 Tropfen Grapefruit
1 Tropfen Patchuli

So wird es gemacht

1. Um eine der Duftmischungen herzustellen, die ätherischen Öle mit Hilfe eines kleinen Trichters in ein dunkles Glasfläschchen füllen und gut schütteln.
2. Die fertigen Mischungen werden dann, zusammen mit etwas Wasser, tröpfchenweise in die Duftlampe oder den Aromavernebler gegeben.

Achtung: Für kleine Kinder sind nicht alle ätherischen Öle empfehlenswert. Hier ist eine individuelle Beratung wichtig.

Zeitaufwand 5 Minuten

Zu Weihnachten wird bei uns gerne und viel gebastelt. Dabei versuche ich möglichst wenig Bastelmaterial einzukaufen. Ich verarbeite gerne Material, das eh im Haus ist, oder hauche alten Materialien neues Leben ein. Weihnachtsschmuck aus alten Buchseiten sieht nicht nur wunderschön aus, es werden dabei auch nicht unnötig Ressourcen verschwendet.

Sterne aus alten Buchseiten

Ihr braucht
einige alte Buchseiten
Lineal
Bleistift
Schere
Schnur

Schritt-für-Schritt-Anleitung

Mein Tipp
Die Sterne lassen sich in verschiedenen Größen falten. Dabei muss die lange Seite der zugeschnittenen Rechtecke immer doppelt so lang sein wie dir kurze Seite. Die Sterne zu falten ist zu Anfang etwas kniffelig, wenn man den Dreh raus hat, geht es aber recht flott.

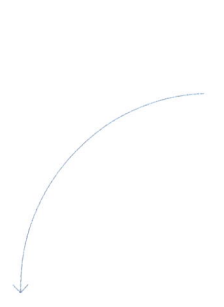

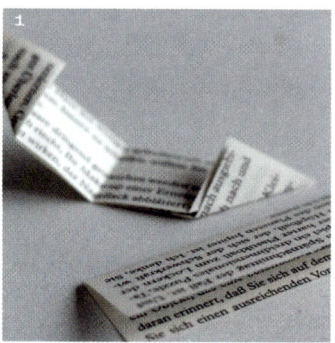

So wird es gemacht

① Aus den alten Buchseiten 8 Rechtecke à 8 cm x 4 cm zuschneiden.

② Alle 8 Rechtecke der Länge nach falten. Die offene Seite nach oben drehen.

③ Die offenen Ecken nach unten falten

④ Nun wir jedes Teil so in der Mitte geknickt und doppelt gefaltet, dass die Spitzen aufeinanderliegen. Dabei darauf achten, dass die abgeknickten Ecken innen sind. (Bild 2)

⑤ Wenn alle 8 Teile vorbereitet sind, den Stern zusammenstecken. Dazu die Spitzen jeweils in die „Taschen" des nächsten Teils stecken. (Bild 3)

⑥ Wenn alle Teile verbraucht sind, schließt sich der Kreis.

⑦ Jetzt kann die Schnur als Aufhängung durch den Stern gezogen werden.

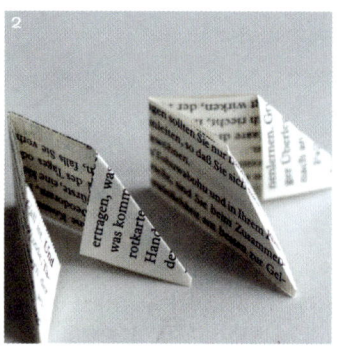

Statt immer wieder neue Dinge für die Weihnachtsdekoration zu kaufen, bastle ich gerne selber etwas. Dazu verwende ich am liebsten Dinge, die sonst entsorgt würden. Alte Kalenderblätter, Notenblätter vom letzten Chorprojekt oder ramponierte Kinderbücher eignen sich hervorragend zum Basteln von Dekorationen. Die selbstgemachten Deko-Elemente kombiniere ich besonders gerne mit meiner bereits vorhandenen Weihnachtsdekoration.

Süße Weihnachtsbäumchen aus Notenpapier

Ihr braucht
Notenpapier
Schere
Bleistift

Schritt-für-Schritt-Anleitung

Mein Tipp
Wenn ihr die Tannen aufhängen wollt, könnt ihr oben einfach mit Nadel und Faden eine Schlaufe anbringen. Es sieht auch schön aus, wenn die Bäumchen zu einer Kette aufgefädelt werden.

Zeitaufwand ca. 10 Minuten

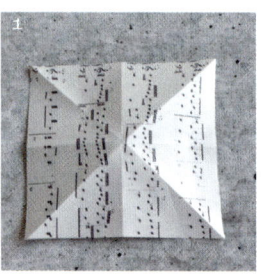

So wird es gemacht

1. Aus dem Notenpapier ein Quadrat zuschneiden.
2. Das Papier so falten, dass es in 4 Quadrate eingeteilt ist. Dann das Papier herumdrehen und noch zweimal diagonal falten (Abb. 1).
3. Rechts und links die Endpunkte des diagonalen Falz nach innen falten, so dass ein kleines Quadrat mit einer senkrechten Falzkante entsteht (Abb. 2).
4. Nun wird die obere (geschlossene) linke Kante bis zum Mittelfalz nach innen umgeknickt, ebenso die rechte obere Kante (Abb. 3).
5. Dann wird gewendet und die Rückseite wie die Vorderseite gefaltet (Abb. 4).
6. Nun eine der zuletzt gefalteten „Laschen" wieder öffnen und über der Mitte flach drücken, so dass der ehemalige Außenfalz auf der Mitte des Quadrats liegt. Die linke Lasche nach rechts bzw. die rechte Lasche nach links zur Seite klappen (Abb. 5). Die übrigen drei Laschen werden genauso gefaltet.
7. Jetzt kann die untere Spitze abgeschnitten werden. (Abb. 6).
8. Das nun entstandene Dreieck mehrmals auf beiden Seiten einschneiden und die Schnittkante umknicken.
9. Jetzt nur noch die einzelnen Seiten auffächern, und schon ist das Tannenbäumchen fertig.

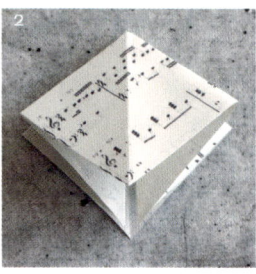

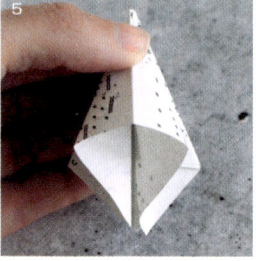

NATRON

ZITRONENSÄ

Auch im WC muss es keine Chemiekeule sein. Mit Natron und Zitronensäure lassen sich ganz einfach WC-Tabs selber machen. Selbst gemachte Tabs sind umweltschonend und kommen dazu noch ohne zusätzliche Plastikverpackung aus.

WC Reinigungstabs für eine blitzsaubere Toilette

Ihr braucht

150 g Natron
50 g Zitronensäure
1–2 TL Wasser
5–6 Tropfen ätherisches Öl
   (z. B. Zitrone oder Orange)
Silikonform für Eiswürfel

So wird es gemacht

1. In einer Schüssel Natron und Zitronensäure gut vermischen.
2. Das ätherische Öl unterrühren.
3. Vorsichtig ein paar Tropfen Wasser dazugeben und verrühren.
4. So lange tropfenweise Wasser untermischen, bis sich alles wie feuchter Sand anfühlt.
5. Die Masse in die Eiswürfelform füllen und richtig gut festdrücken.
6. Die Tabs gut trocknen lassen, am besten über Nacht.
7. Die WC-Tabs aus der Form lösen und in einem gut verschließbaren Behälter aufbewahren.

Pro Anwendung einen Tab in die Toilette geben.

Mein Tipp

Kinder sollten mit den Tabs nicht
oder nur zusammen mit einem
Erwachsen hantieren.

Auch für die Lederpflege gilt: Natürlich ist besser! Damit Lederschuhe nicht spröde und rissig werden, ist es wichtig, sie regelmäßig zu pflegen. Leider werden herkömmliche Schuhcremes meist auf der Basis von Mineralöl hergestellt. Daher ist es viel besser, auch bei der Lederpflege auf natürliche Zutaten zu setzen. Schuhcreme selber herzustellen ist nicht nur besser für die Umwelt, sondern auch für den Geldbeutel.

Nachhaltige Leder-pflege – Schuhcreme selber machen

Ihr braucht

50 ml Rapsöl
20 g Lanolin (Wollwachs)
10 g Bienenwachs
10 ml Rizinusöl
8 Tropfen ätherisches
  Orangenöl
Töpfe für ein Wasserbad

So wird es gemacht

1. Die beiden Wachssorten zusammen im Wasserbad schmelzen.
2. Das Rizinusöl, das Rapsöl und das ätherische Öl dazugeben und gut durchmischen.
3. Die Mischung in ein leeres Glas oder eine kleine Blechdose füllen und abkühlen lassen. Erst dann verschließen.
4. Die Schuhcreme eignet sich nur für glattes Leder und kann bei Zimmertemperatur aufbewahrt werden. Sie ist etwa ein Jahr haltbar.

Mein Tipp

Für eine Schuhcreme für schwarze Schuhe könnt ihr den flüssigen Wachsen noch 5 g schwarzes Pigment (z.B. Eisenoxid schwarz) untermischen. Dann solltet ihr beim Abkühlen immer wieder umrühren, damit die Pigmente sich nicht absetzen.

 Zeitaufwand ca. 10 Minuten

Geschenke sind dazu da, um ausgepackt zu werden. Meist landet dann das Geschenkpapier zusammengeknüllt im Papierkorb. Da viele Geschenkpapiere beschichtet oder mit Glitzer besprenkelt sind, können sie nicht einmal in der Papiertonne entsorgt werden.

Eine supersüße Alternative zum Geschenkpapier sind wiederverwendbare Geschenkbeutel aus alten Leintüchern oder Tischdecken.

Geschenkverpackung –
Stoffsäckchen aus alten Leintüchern

Ihr braucht

ein altes Leintuch
Zickzackschere
Garn
Nähmaschine
Stempel und Stempelkissen
Band zum Zubinden

So wird es gemacht

1. Für jedes Säckchen zwei gleiche Stoffteile in der gewünschten Größe zuschneiden.
2. Die obere Kante kann mit der Zickzackschere abgeschnitten werden, so spart man sich das Umnähen.
3. Jetzt 2 Stoffteile aufeinanderlegen und mit der Nähmaschine rundherum (die obere Zickzackkante bleibt offen) zusammennähen und versäubern.
4. Das Säckchen wenden.
5. Das Säckchen kann nach Lust und Laune bestempelt werden. Damit die Stempelfarbe nicht durchdrückt, ein Stück Pappe in das Säckchen schieben.

Mein Tipp

Die Säckchen sind auch als Adventskalender schön. Ich habe immer einen kleinen Vorrat an Leinensäckchen zuhause, die ich dann nach Bedarf dem Anlass entsprechend bestemple.

Ich habe ständig einzelne Socken herumliegen, bei denen das Gegenstück einfach nicht mehr auftaucht. Ich sammle die Einzelstücke in einer kleinen Kiste, damit ich sie bei Bedarf zweckentfremdet nutzen kann. Einzelne Socken eignen sich hervorragend als Staubtücher. Man kann sie auch als Schuherfrischer nutzen. Dazu einfach etwas Kaffeepulver oder Natron in die Socken füllen und diese dann über Nacht in Schuhe legen. Es ist aber auch super einfach, sie zu einem kleinen Schwamm zu verflechten, der in Küche oder Bad richtig praktisch ist.

Tawashi-Schwamm

Ihr braucht

1 quadratische Schachtel
  (20 x 20)
24 Wäscheklammern
einzelne Socken
Schere

Der Tawashi Schwamm kommt aus Japan und wird dort ganz traditionell aus Hanfpalmen angefertigt.

Schritt-für-Schritt-Anleitung

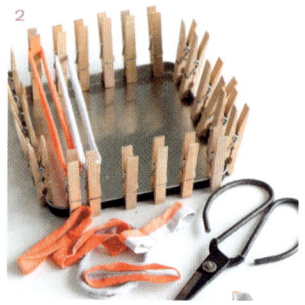

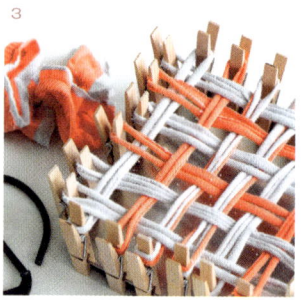

So wird es gemacht

1. Zuerst wird der „Webrahmen" vorbereitet. Dazu die Wäscheklammern gleichmäßig um die Schachtel knipsen (6 Stück an jeder Seite).
2. Eine oder mehrere Socken in 12 fingerbreite, ringförmige Streifen schneiden.
3. Die ersten 6 Sockenringe der Länge nach über den Webrahmen gespannt.
4. Dann die restlichen Sockenringe durch die bereits gespannten Ringe hindurchweben (immer im Wechsel, mal wird oben angefangen, mal von unten).
5. Wenn alle Sockenringe verwoben sind, das Ende eines Sockenrings von der Klammer nehmen und gut festgehalten. Dann den zweiten Sockenring lösen und das Ende des ersten Rings darüberziehen.
6. Jetzt das dritte Ende über das Zweite ziehen usw., bis der Schwamm „abgekettet" ist.
7. Aus dem letzten Ring eine Schlaufe zum Aufhängen machen. Dafür wird er einfach gut verknotet.

Mein Tipp

Um größere Tawashi zu flechten, könnt ihr die Stoffringe auch aus zu klein geworden T-Shirts zuschneiden. Dann müsst ihr als Webrahmen auch eine größere Schachtel mit mehr Wäscheklammern verwenden.

Leider sind gekaufte Duftkerzen meist aus billigem und umweltschädlichem Petroleum, dessen Dämpfe man eigentlich nicht einatmen möchte. Deshalb mache ich meine Kerzen gerne selbst. Es ist nicht nur für die Gesundheit besser, es macht auch Spaß, Kerzen aus Bienenwachs zu rollen oder Duftkerzen aus Sojawachs im Glas herzustellen.

Duftende Sojawachskerze
mit Kräutern

So wird es gemacht

1. Zuerst wird der Kerzendocht in den Gläsern platziert. Dazu den Docht in eine Wäscheklammer klemmen, die mittig über das Kerzenglas gelegt wird.
2. Dann die Sojawachsflocken im Wasserbad schmelzen.
3. Wenn das Wachs flüssig ist, das Duftöl und die Kräuter untermischen. Eventuell ein paar Kräuter für die Deko übrig lassen.
4. Das Wachs vorsichtig in die vorbereiteten Gläser gießen.
5. Kurz bevor das Wachs ganz fest ist, können noch ein paar Kräuter zur Deko auf das Wachs gestreut werden.
6. Die Duftkerzen gut aushärten lassen.

Ihr braucht

für 4 Kerzengläser

4 Wäscheklammern
Kerzendocht (viermal die Höhe eines Glases)
ein hitzebeständiges Gefäß
400 g Sojawachsflocken
ca. 10 Tropfen ätherisches Öl (Duft nach Belieben)
Kräuter, z.B. Rosmarin
zwei Töpfe für ein Wasserbad
4 Gläser a 200 ml

Mein Tipp

Die Kerzen können auch in leere Konservendosen oder Tassen gegossen werden.

Besonders sanft zu empfindlicher Haut und gut zur Umwelt.

Handspülmittel
einfach selbst-
gemacht

Ihr braucht
500 ml Wasser
3 TL Natron
20 g Pflanzenseife,
    z.B. Aleppo- oder
    Bio-Olivenölseife
10–15 Tropfen ätherisches Öl,
    z.B. Orange
leere Spülmittelflasche

So wird es gemacht
1. Die Seife mit einer Reibe zu Seifenflocken reiben.
2. Das Wasser in einem Topf aufkochen und die Seifenflocken mit einem Schneebesen einrühren.
3. Wenn sich die Seife gelöst hat, den Topf vom Herd nehmen.
4. Die Seifenlauge abkühlen lassen.
5. Immer wieder mit dem Schneebesen verrühren.
6. In die erkaltete Seifenlauge das Natron und das ätherische Öl hineinrühren.
7. Das fertige Spülmittel mit Hilfe eines Trichters in die leere Spülmittel-Flasche geben.

Mein Tipp
Das Spülmittel kann ganz nach Lust und Laune mit ätherischem Öl beduftet werden. Wer es lieber neutral mag, lässt das Öl einfach weg.

Zeitaufwand 30 Minuten

Um meinen eigenen Tee herzustellen, sammle ich das ganze Jahr über Kräuter und Blüten. Diese trockne ich und stelle mir daraus verschiedene Teemischungen her. So habe ich immer Abwechslung in der Tasse und spare mir nebenbei den ganzen Verpackungsmüll. Eine Garten- und Wiesen-Teemischung ist auch immer ein nettes Geschenk.

Garten- und Wiesen-
Teemischung

Das kann hinein

Zitronenmelisse
Brennnessel
Schafgarbe
Blätter von der Johannisbeere
Zitronenverbene
Pfefferminze
Salbei
Holunderblüten
Rosenblütenblätter
Ringelblumenblüten
Kornblumen
Blütenblätter der Sonnenblume
Erdbeer und Himbeerblätter
Beeren und Apfelstücke

So wird es gemacht

1. Nach dem Sammeln die Kräuter, Blüten und Beeren auf einem Backblech oder einem geeigneten Brett ausbreiten und an einem trockenen und dunklen Ort etwa 5 Tage trocknen. Alternativ könnt ihr die Kräuter zum Trocknen auch gebündelt aufhängen.
2. Nach dem Trocknen die Pflanzenteile am besten nach Sorten getrennt in Dosen oder Gläser abfüllen, so dass immer wieder nach Belieben gemischt werden kann.
3. Für eine Teemischung sollten maximal sieben verschiedene Kräuter verwendet werden. In der Regel reichen schon drei bis vier Kräuter aus. Bei einer Mischung von mehr als sieben Kräutern ist nicht mehr genug von den einzelnen Kräutern vorhanden, dass sich Wirkung und Geschmack voll entfalten können.

Mein Tipp

Bitte nur Kräuter und Blüten sammeln, die ihr sicher kennt. Achtet auch darauf, wo ihr eure Pflanzenteile sammelt. Pflanzen am Straßenrand sind auf keinen Fall geeignet, genauso wenig wie Pflanzen, die mit Spritzmittel behandelt worden sind.

 Zeitaufwand ca. 30 Minuten. Trockenzeit etwa 5 Tage

Bienenwachstücher - die nachhaltige Frischhaltefolie! – Wer Lebensmittel in Bienenwachstücher einwickelt, vermeidet nicht nur Plastik, sondern hält die Lebensmittel auch lange frisch. Mit den Tüchern können Schüsseln abgedeckt oder Lebensmittel komplett verpackt werden. Sie eignen sich auch super, um Pausenbrote zu verpacken. Gereinigt werden sie mit ein paar Tropfen Spülmittel unter kaltem Wasser, oder ihr wischt sie einfach feucht ab.

Wiederverwendbare
Bienenwachstücher

Ihr braucht

für 3 Tücher
(ca. 20 cm x 30 cm)

Stoffreste aus Baumwolle
  oder Leinen
50 g Bienenwachs
10 ml Kokosöl
Zickzackschere
Messer oder Küchenhobel
Backpapier
Backblech
Backpinsel

So wird es gemacht

1. Die Stoffreste mit der Zickzackschere in der gewünschten Größe zuschneiden. Das Bienenwachs in kleine Stückchen hobeln oder schneiden.
2. Die Wachsstücke in einer Schüssel mit dem Kokosöl vermischen.
3. Das Backblech mit Backpapier belegen, darauf ein Stoffstück legen. Einen Teil der Wachsmischung auf den Stoff auftragen und im Backofen auf 100 °C erwärmen.
4. Wenn das Wachs ganz flüssig ist, wird es mit dem Pinsel vollends bis zum Rand verteilt.
5. Zuletzt das Tuch trocknen lassen.

Öko-Tipp

Frischhaltefolien bestehen aus Polyethylen, das aus Erdöl hergestellt wird. Erdöl ist ein nicht nachwachsender Rohstoff, der die Umwelt stark belastet. Meere, Tiere und Menschen leiden sehr unter den Folgen der Ölförderung. Plastikfolien sind nicht natürlich abbaubar. Jährlich fallen in Deutschland mehr als 6 Millionen Tonnen Plastikmüll an, und die Tendenz ist erschreckenderweise steigend.

Zeitaufwand ca. 45 Minuten

Mit einem selbstgenähten Stiefel zum Nikolaus punktet Ihr sicherlich bei der Familie und Freunden. Das Schöne daran ist, dass jeder Nikolausstiefel ein Unikat ist und jedes Jahr aufs Neue wieder eingesetzt werden kann.

Nikolausstiefel aus einer alten Jeans

So wird es gemacht

1. Die Papierschablone auf ein Jeansbein auflegen, mit Stecknadeln durch den doppelten Stoff feststecken.
2. Dann die Schnittteile mit 1,5 cm Nahtzugabe zuschneiden.
3. Die beiden Stiefelteile rechts auf rechts legen und einmal herum nähen. Die obere Kante muss offen bleiben.
4. Die Naht mit einem Zickzackstich versäubern.
5. Den Stiefel wenden und glatt bügeln.
6. Die obere Stiefelkante zweimal 1 cm umschlagen, mit den Stecknadeln fixieren und dann mit der Nähmaschine feststeppen.
7. Nach Wunsch den Stiefelschaft mit einer Borte oder einem Bommelband verzieren.
8. Eine Gürtelschlaufe von der Jeans abtrennen und ganz oben am Stiefelschaft als Schlaufe annähen. Statt der Gürtelschlaufe kann auch ein Stück Borte festgenäht werden.

Ihr braucht

eine alte Jeans
Papierschablone Nikolaus-
    stiefel (Seite 118)
Stecknadeln
Garn
Nähmaschine
Schere
nach Wunsch Borten,
    Bommelband etc.

Mein Tipp

Der Nikolausstiefel sieht auch aus Leinenstoff (altes Lein -oder Tischtuch) ganz edel aus. Er kann dann wie die Geschenksäckchen bestempelt werden.

Spültücher sind schnell gestrickt, peppen die Küche farblich auf und sind garantiert frei von Mikroplastik. Zusammen mit einer Flasche selbst gemachtem Spülmittel sind die Spültücher ein gern gesehenes und nachhaltiges Geschenk.

Spültücher DIY

Ihr braucht

50g Baumwollgarn oder
  eine Baumwolle-Leinen-
  mischung
Stricknadel (3,5)
Nadel zum Vernähen der
  Fäden.

Öko-Tipp

Von Spülschwämmen und Schwamm-tüchern aus Kunstfaser lösen sich beim Abwasch kleinste Fasern und gelangen dann mit dem Wasser ins Abwasser. Das so in das Abwasser geschwemmte Mikroplastik kann von den Kläranlagen nur sehr schwer oder gar nicht aus dem Wasser gefiltert werden.

Einfaches Spültuch

1. 48 Maschen mit der Stricknadel anschlagen und kraus rechts stricken.
2. Bei einer Höhe von ca. 21 cm locker abketten und die Fäden vernähen.

Einfaches Spültuch

1. 49 Maschen mit der Stricknadel anschlagen – wir brauchen eine ungerade Maschenzahl.
2. Hinreihe 1 rechte Masche, 1 linke Masche im Wechsel stricken. Mit einer rechten Masche enden.
3. Rückreihe wie die Hinreihe stricken, die Maschen werden so automatisch versetzt.
4. Bei einer Höhe von ca. 21 cm locker abketten und die Fäden vernähen.

Karomuster

1. 48 Maschen mit der Stricknadel anschlagen Hinreihe: 2 rechte Maschen und 2 linke Maschen im Wechsel stricken. Die Reihe endet mit 2 linken Maschen.
2. Rückreihe: Stricken, wie die Maschen erscheinen, also rechte Maschen rechts und linke Maschen links.
3. 2. Hinreihe: Wie erste Hinreihe stricken.
4. 2. Rückreihe: Stricken, wie die Maschen erscheinen.
5. 3. Hinreihe: Muster versetzen, 2 linke Maschen, 2 rechte Maschen
6. usw.
7. Bei einer Höhe von ca. 21 cm locker abketten und die Fäden vernähen.

 Zeitaufwand ca. 1 Stunde

Es tut unheimlich gut, die Hektik und den Stress des Alltags einmal auszublenden und mit den eigenen Händen etwas Neues zu erschaffen – Stricken ist für mich ein bisschen wie meditieren.

Topfuntersetzer
aus Paketschnur

So wird es gemacht

1. Zuerst 26 Maschen auf eine der Stricknadeln anschlagen.
2. Dann einfach „kraus rechts" weiterstricken, das heißt, in Hin und Rückreihe nur rechte Maschen stricken, bis das Strickstück quadratisch ist.
3. Damit der Rand schön gleichmäßig wird, die letzte Masche einer Reihe mit vorgelegtem Faden nur abgeheben. Nach dem Wenden wird diese Masche rechts gestrickt.
4. Ist die gewünschte Größe erreicht, die Maschen locker abketten.
5. Zum Schluss die Fäden vernähen. Das geht gut mit der Häkelnadel: einfach die Fadenenden mit der Häkelnadel etwas durch das Strickstück weben.

Ihr braucht

2 Knäuel Paketschnur aus Sisal
Stricknadeln Stärke 6
Häkelnadel

Mein Tipp

Wer fest strickt, tut sich leichter, wenn der Anschlag auf doppelter Nadel gemacht wird.

Wer hat noch alte T-Shirts im Schrank? Daraus kann man ganz einfach süße Körbchen häkeln, die auch noch waschbar sind.

Aufbewahrungs-körbchen für Krimskrams häkeln

Ihr braucht

ein altes T-Shirt
1 Häkelnadel Nr. 8
Stopfnadel
Stoff-Schere

So wird es gemacht

1. Zuerst das T-Shirt flach auf den Tisch legen und die Ärmel abschneiden.
2. Den Stoff in etwa 2,5 cm breite Streifen schneiden. Dabei immer so weit schneiden, dass eine Seitennaht mit durchgeschnitten wird, die hintere Naht das Ganze aber weiter zusammenhält. Ähnlich wie man einen Apfel in einer Spirale schält. Wenn das T-Shirt komplett zerschnitten ist, wird das Band zum Knäuel aufgewickelt, und schon kann gehäkelt werden.
3. Zuerst fünf Luftmaschen zum Kreis schließen, dann in diese fünf Maschen zehn feste Maschen hineinhäkeln.
4. Nun in die nächste Reihe in jede 1. Masche eine feste und in jede 2. Masche zwei feste Maschen häkeln.
5. In der folgenden Reihe dann nur noch in jede 3. Masche zwei feste Maschen häkeln, in der nächsten Reihe in jede 4. Masche zwei feste häkeln und so weiter, bis die gewünschte Utensilo-Größe erreicht ist.
6. Danach wird einfach in Reihen weitergehäkelt, ohne dass weitere Maschen hinzugenommen werden, bis die gewünschte Höhe des Utensilos erreicht ist.

Mein Tipp

Wer kein altes Shirt im Schrank hat, kann auch T-Shirt Garn kaufen. Beim gekauften Garn darauf achten, dass es zu 100 % aus recyceltem Garn oder Altmaterial und Resttextilien besteht.

 Zeitaufwand etwa 2,5 Stunden

Für die Natur im Garten

Nachhaltigkeit – das klingt fast ein bisschen wie Verzicht. Das bedeutet es aber überhaupt nicht. Für mich bedeutet es vielmehr, einen anderen Blick auf viele Dinge zu bekommen.

Gerade für den Garten ist es super einfach, alten Dingen neues Leben einzuhauchen.

Upcycling im Garten ist nicht nur praktisch, es sieht oft richtig dekorativ aus. So baumeln bei mir alte Tassen mit Vogelfutter von den Bäumen und es stehen Anzuchttöpfchen aus Tetra Packs auf dem Pflanztisch.

Ein weiterer Hingucker sind dekorative Kerzenständer aus alten Flaschen, ebenso die Grillanzünder mit Zapfen, die nicht nur sehr praktisch sind, sondern auch noch hübsch anzuschauen.

Zum Samentausch mit Freundinnen bastle ich kleine Sour-Cream-Boxen, und für ein bisschen mehr Grün um uns herum lassen sich ganz schnell Samenbomben rollen.

Bei Glasflaschen versuche ich, wo es nur geht, Mehrwegflaschen zu kaufen. Mehrwegflasche aus Glas werden bis zu 50-mal wiederverwendet.
Leider gibt es immer wieder flüssige Lebensmittel, die es nur in den Einwegflaschen zu kaufen gibt. Wenn diese Flaschen leer sind, spüle ich sie gut aus und fülle selbstgemachten Sirup oder Saft darin ab. Sie lassen sich aber auch ganz einfach zu tollen Kerzenständern umfunktionieren.

Kerzenständer –
Eine festliche Deko aus alten Flaschen

Ihr braucht

Flaschen aus Weißglas in
  verschiedenen Größen
Stabkerzen – am besten aus
  Sojawachs
Blätter, Gräser oder Blüten

So wird es gemacht

1. Zuerst die Flaschen gründlich ausspülen und das Etikett entfernen. Hartnäckige Etiketten lösen sich ganz leicht, wenn man sie mit etwas Öl einreibt.
2. Dann die Blätter, Gräser oder Blüten in die Flasche geben und vorsichtig mit kaltem Wasser auffüllen.
3. Jetzt die Kerze ein Stück weit in den Flaschenhals stecken. Falls die Kerze etwas zu dick ist, könnt ihr sie mit einem kleinen Messer etwas in Form bringen.

Mein Tipp

Diese Art von Kerzenständer macht auch als Adventskranz eine gute Figur. Dazu werden einfach ein paar Tannenzweige in 4 Flaschen gegeben. Die Flaschen könnt ihr dann noch von 1–4 beschriften.

 Zeitaufwand 5 Minuten

Bananenschalen sind ein toller organischer Dünger für Zimmer und Kübel-pflanzen. Sie enthalten Kalium, Magnesium, Kalzium und etwas Schwefel. Weil das Düngen mit Bananenschale nicht zu einer Überdüngung führt, nutze ich diesen Dünger das ganze Jahr.

Flüssigdünger aus Bananenschalen

Ihr braucht

Bananenschalen
  (von Bio-Bananen)
Wasser (1 Liter Wasser
  je 100 g Bananenschale)
Topf
eine kleine Flasche

So wird es gemacht

1. Die Bananenschalen abwiegen und in kleine Stücke schneiden.
2. Die entsprechende Menge Wasser in einen Topf geben und zum Kochen bringen.
3. Die Bananschalenstücke dazugeben und nochmals sprudelnd aufkochen.
4. Diesen Sud 12–15 Stunden durchziehen lassen, dann abseihen und in eine Flasche abfüllen.

Der Dünger wird im Verhältnis 1:5 mit ins Gießwasser gegeben.

Mein Tipp

Für den Dünger bitte nur die Schale von Biobananen verwenden. Herkömmliche Bananen werden mit Fungiziden besprizt, die im Dünger nichts zu suchen haben.

 Zeitaufwand etwa 2,5 Stunden

Diese selbstgemachten Kaminanzünder helfen ganz ohne Chemie dabei, Kamin oder Grill anzuzünden. Sie knistern dabei ganz heimelig und sind wirklich schnell gemacht.

Grill- und Kamin- anzünder aus Wachsresten und Naturmaterialien

Ihr braucht

Muffinform
Muffinpapierförmchen
Wachsreste
Kerzendocht
kleine Tannenzapfen,
    Lorbeerblätter, getrocknete
    Hagebutten und Beeren,
    Zimtstangen, Sternanis
    oder ähnliches

So wird es gemacht

1. Die Papierförmchen in die Muffinform legen.
2. Die Kerzenreste in eine alte Dose geben und im Wasserbad schmelzen.
3. Jetzt in jedes Papierförmchen etwas Wachs tropfen und dann ein Stück Kerzendocht daraufdrücken.
4. Nun die ausgewählten Naturmaterialien im Papierförmchen verteilen.
5. Die Papierförmchen mit Wachs auffüllen.
6. Wenn das Wachs fest geworden ist, sind die Anzünder fertig.

Mein Tipp

Hübsch verpackt, sind die Grill -und Kaminanzünder ein gern gesehenes Mitbringsel für Ofenbesitzer und Grillfreunde.

Aus alt mach neu – Milch oder Safttüten gehören zum typischen Haushalts-müll, deshalb bietet es sich geradezu an, diesen Tetrapacks neues Leben einzu-hauchen. Aus leeren Tetrapacks lassen sich ganz einfach und schnell Anzucht-töpfchen basteln. Das ist auf jeden Fall nachhaltiger, als sie wegzuschmeißen, wenn sie leer sind. Wer selbst schon konsequent auf Pfandflaschen u. ä. umge-stellt hat, bekommt sicher leere Getränkekartons von den Nachbarn.

Anzuchttöpfchen
aus Tetra Packs

So wird es gemacht

1. Das obere Drittel vom Tetrapack abschneiden. Dann die Packung sehr gründlich auswaschen.
2. Jetzt die Packung richtig gut knaut-schen und zerknüllen.
3. Wenn der Tetrapack schön weich ist, die oberste Beschichtung vorsichtig abziehen. Dabei an der Nahtstelle beginnen.
4. Die Beschichtung der Bodenfläche muss nicht abgelöst werden.
5. Jetzt das Töpfchen ein wenig in Form bringen und der Rand 2 bis 3 mal umschlagen.
6. Nun können die Töpfchen mit Erde gefüllt und das Saatgut ausgesät werden.
7. Ganz vorsichtig gießen.

Ihr braucht
leere Tetra Packs

außerdem
Anzuchterde
Blumen und Kräutersamen

Mein Tipp
Wer mag, kann die Anzuchttöpfchen noch bestem-peln oder bemalen. So behandelte Tetrapacks eignen sich auch als kleine Geschenkbox oder als Utensilo für Stifte.

Zeitaufwand ca. 10 Minuten

Ihr habt sicherlich noch ein paar alte Tassen im Schrank. Wenn nicht gerade ein Polterabend ansteht, könnt Ihr daraus kleine Futterstationen für Vögel machen. Die gefiederten Gäste bei uns finden die Futtertassen toll, und es sieht auch ganz hübsch aus, wenn die Tassen von den Bäumen baumeln. Die Futtertasse sollte möglichst schattig aufgehängt werden. Bei zu viel Sonne schmilzt das Fett, und die Masse könnte aus der Tasse laufen.

Vogelfutter –
Tassen

So wird es gemacht

1. In einem Topf das Kokosfett langsam zum Schmelzen bringen.
2. Dann Haferflocken und Körner einrühren.
3. Jetzt das ganze etwas abkühlen lassen und dabei immer wieder umrühren, so dass sich die Körner nicht absetzen
4. Wenn das Fett gerade noch streichfähig ist, die Masse in die Tasse streichen.
5. Das Stöckchen gegenüber vom Tassenhenkel in das Fett drücken. Das Stöckchen sollte mindestens 10 cm über den Tassenrand herausstehen, denn es dient später den Vögeln als „Landeplatz".
6. Die Masse gut fest werden lassen.
7. Das Band durch den Tassenhenkel ziehen und Enden verknoten.

Ihr braucht

1 Tasse mit weiter Öffnung
50 g Sonnenblumenkerne
25 g Haferflocken
125 g Kokosfett
1 rundes Stöckchen
1 Band zum Aufhängen

Öko- Tipp

Die Plastiknetze der Meisenknödel verrotten nicht und sind zudem eine Gefahrenquelle für die Vögel. Diese können sich beim Fressen mit ihren Krallen in den Netzen verfangen und im schlimmsten Fall sterben.

Zeitaufwand ca. 15 Minuten

Ein naturnaher Garten und Futterhäuschen helfen den Vögeln, damit sie genug Energie bekommen, um auch einen strengen Winter zu überleben. Selbstgemachte „Meisenknödel" sehen nicht nur hübsch aus, es macht auch Kindern großen Spaß, sie herzustellen und im Garten aufzuhängen.

Dekoratives Vogel-futter selbst machen

Ihr braucht

500 g Kokosfett
500 g Mischung aus Sonnen-
blumenkernen, Haferflo-
cken, unbehandelten
Erdnüssen, gehackten
Nüssen und gehackten
getrockneten Äpfeln
Topf
Kochlöffel
Bänder
Ausstecherförmchen oder
Silikon-Kuchenformen

So wird es gemacht

1. Das Kokosfett in einem großen Topf schmelzen.
2. Die Körnermischung in einem Verhältnis von 1:1 hinzugegeben.
3. Alles gut miteinander vermischen und etwas abküh-len lassen.
4. Die Masse in die Ausstechförmchen oder die Kuchenform füllen.
5. Wenn das Futter aufhängt werden soll, wird in jedes gefüllte Ausstechförmchen ein Stück Trinkhalm gesteckt. Durch diesen kann nach dem Aushärten eine Schnur gefädelt werden.
6. Im Kühlschrank oder auf der Terrasse aushärten lassen, dann aus den Formen lösen.

Mein Tipp
Das Vogelfutter kann gut auf Vorrat hergestellt und eingefroren werden.

Zeitaufwand ca. 20 Minuten

Samenbomben sind kleine Kugeln aus Saatgut, Ton und Erde. Sie können zur Begrünung im eigenen Garten oder Balkon eingesetzt werden, oder ihr könnt sie bei Spaziergängen einfach in die Natur werfen. Das Herstellen und Ausbringen der Samenbomben machen auch Kindern großen Spaß.

Samenbomben – für ein bisschen mehr grün

Ihr braucht

200 g Tonerde
300 g Erde
60 g Saatgut, wie zum
   Beispiel Akelei, Kornblume,
   Ringelblume, Malve ...
Wasser
Schüssel

So wird es gemacht

1. Die Tonerde, die Erde und das Saatgut in einer Schüssel vermischen.
2. Vorsichtig Wasser dazugeben und vermengen. Die Masse soll nicht zu feucht werden.
3. Wenn die Saatbomben-Masse die Konsistenz von Ton hat, kleine Kugeln daraus formen.
4. Die Kugeln auf ein Brett oder einen Teller legen und etwa 3 Tage trocknen lassen.
5. Je nach dem verwendeten Saatgut kann man Samenbomben für verschiedene Jahreszeiten zusammenstellen.

Mein Tipp

Die Samenbomben eignen sich auch super als kleines Mitbringsel „Statt Blumen" sozusagen. Die Kugeln können schön in selbstgenähte Säckchen oder auch in den Sour-Cream-Boxen (Seite 111) verpackt werden.

Zeitaufwand ca. 30 Minuten

Leere Klopapierrollen fallen sicherlich in jedem Haushalt an. Sie wegzuwerfen wäre aber zu schade, denn daraus kann man echt noch tolle Sachen basteln, wie z.B. diese kleinen Samenboxen. Die ungewöhnliche Form heißt nach den Verpackungen für Saure Sahne in den USA Sourcream-Box.

Samenboxen aus leeren Klorollen

Ihr braucht

leere Klorollen
Nähmaschine
Faden
Stempel
Stempelkissen
Saatgut
Filzschreiber

So wird es gemacht

1. Die Rollen rundherum mit dem Wunschmotiv bestempeln.
2. Am unteren Ende mit der Nähmaschine mit kleinen Stichen zunähen.
3. Jetzt kann das Saatgut eingefüllt werden.
4. Sobald die Rolle mit dem Saatgut befüllt ist, wird die obere Kante, versetzt zu der unteren Kante, ebenfalls zugenäht.
5. Zum Schluss kann die kleine Box noch beschriftet werden.

Mein Tipp

Wenn die Rollen mit einem Logo bedruckt sind, könnt ihr sie einfach zuvor mit Kreidefarbe anstreichen. Die Sour-Cream-Boxen machen sich auch als Adventskalender oder als Geschenkverpackung für Kleinigkeiten sehr gut.

 Zeitaufwand ca. 30 Minuten

Zutatenliste

Zutaten für das Kapitel Naturkosmetik

Aus Drogerie oder Reformhaus

- Sheabutter → Seite 39, 40, 44, 47
- Mandelöl → Seite 19, 27, 40, 47
- weiße Tonerde (Kaolin) → Seite 20
- Aloe-Vera-Saft → Seite 36
- Bienenwachs → Seite 32, 39, 44, 70, 84
- Sojawachsflocken → Seite 47, 79
- ätherische Öle: Grapefruit; Rosmarin; Zitrone, Zirbe, Lavendel, Salbei, Rose, Orange, Thymian (Duft kann variiert werden) → Seite 19, 28, 32, 36, 39, 40, 44, 47, 69, 70, 79, 80
- destilliertes Wasser → Seite 28, 36
- Kerzendocht → Seite 47, 79, 101

Aus dem Garten

- getrocknete Tannennadeln, Rosmarinnadeln oder Rosenblätter
- frische Rosenblütenblätter (ungespritzt)
- Gänseblümchen
- getrocknete Lavendelblüten

Aus der Küche

- Arganöl → Seite 44
- Kakaobutter → Seite 35, 44, 47
- festes Kokosöl → Seite 23, 24, 31, 32, 35, 36, 39, 84, 105, 106
- Weizenkeimöl → Seite 36
- Meersalz → Seite 23
- Zitronensäure → Seite 20, 35, 69
- Honig → Seite 31
- Kokosblüten- oder Rohrohrzucker → Seite 24
- Kaffeesatz → Seite 24
- Haferflocken → Seite 31, 105, 106
- Maisstärke → Seite 32, 35
- Rosenwasser → Seite 31
- Wodka → Seite 28
- Natron → Seite 20, 32, 35, 69, 80
- optional: lila Lebensmittelfarbe → Seite 35

Zutaten für das Kapitel Haus

Aus der Küche
- weißer Essig → Seite 53, 54
- Natron → Seite 20, 32, 35, 69, 80
- Zitronensäure → Seite 20, 35, 69
- Kokosöl → Seite 23, 24, 31, 32, 35, 36, 39, 84, 105, 106
- Rapsöl → Seite 70
- Sonnenblumenöl → Seite 57
- Kräuterzweig, Zimtstange, Vanilleschote (optional)
- Schalen von Bio-Orangen
- 10 Schaschlikspieße
- Töpfe für ein Wasserbad

Aus Drogerie, Reformhaus, Apotheke
- Ätherisches Öl: z. B. Zimt, Nelke, Orange, Rosmarin, Thymian, Orange, Lavendel, Vanille, Zitrone, Teebaumöl, Grapefruit, Patchuli (Duft kann variiert werden) → Seite 19, 28, 32, 36, 39, 40, 44, 47, 69, 70, 79, 80
- Bienenwachs → Seite 32, 39, 44, 70, 84
- Lanolin (Wollwachs) → Seite 70
- Rizinusöl → Seite 70
- Sojawachsflocken → Seite 47, 79
- Kerzendocht → Seite 47, 79, 101
- Pflanzenseife, z.B. Aleppo- oder Bio-Olivenöl-seife → Seite 80
- Spiritus → Seite 58

Aus dem Garten
- Kräuter, z.B. Rosmarin, Brennnessel, Pfefferminze ...

Außerdem
- Stricknadeln
- Häkelnadeln
- Garn
- Paketschnur

Zutaten für das Kapitel Garten

Aus dem Garten
- kleine Tannenzapfen, Lorbeerblätter, getrocknete Hagebutten und Beeren, Zimtstangen, Sternanis oder ähnliches
- Tonerde
- Erde
- Saatgut, wie zum Beispiel Akelei, Kornblume, Ringelblume
- verschiedene Kräuter

Außerdem
- Wachsreste
- Kerzendocht → Seite 47, 49, 101
- alte Tassen

Aus der Küche
- Sonnenblumenkerne → Seite 105, 106
- Haferflocken → Seite 31, 105, 106
- Kokosfett → Seite 23, 24, 31, 32, 35, 36, 39, 84, 105, 106
- Mischung aus Sonnenblumenkernen, Haferflocken, unbehandelten Erdnüssen, gehackten Nüssen und gehackten getrockneten Äpfeln
- Muffinform
- Muffinpapierförmchen
- Ausstecherförmchen oder Silikon-Kuchenformen
- Bananenschalen (von Bio-Bananen)

Nachhaltig schenken

Weihnachten, Geburtstage, Ostern oder einfach ein kleines Mitbringsel zur Einladung – es gibt so viele Gelegenheiten, zu denen wir unseren Lieben ein kleines Geschenk überreichen dürfen. So schön das Schenken auch ist, oft ist es mit Papier- und Plastikmüllbergen verbunden.

Lasst uns das gemeinsam ändern und nachhaltig schenken!

Man sagt ja, dass geteilte Freude doppelte Freude ist. Bei diesen nachhaltigen Geschenkideen freut sich sogar die Umwelt mit.

Mit diesen Geschenken können wir Zeichen setzen, die beim Beschenkten auch einen kleinen Denkanstoß in Richtung Nachhaltigkeit geben können.

Für kleine Mitbringsel oder ein spontanes Dankeschön habe ich zuhause immer einen kleinen Vorrat an selbstgemachten, nachhaltigen Geschenken.

Bade-Fizz
Seite 20

Body-Scrub mit Rosenblüten
Seite 23

Kaffee-Peeling
Seite 24

Kissenspray für süße Träume
Seite 28

Duftende Lavendel-Badepralinen
Seite 35

Pflegender Lippenbalsam
Seite 39

Feste Handcreme
Seite 44

Massagekerze
Seite 47

Raumduft
Seite 57

**Stoffsäckchen aus
alten Leintüchern**
Seite 73

**Duftende Soja-
wachskerze**
Seite 79

**Garten- und Wiesen-
Teemischung**
Seite 83

Bienenwachstücher
Seite 84

Nikolausstiefel
Seite 87

Spültücher
Seite 88

**Grill- und Kamin-
anzünder**
Seite 101

Vogelfutter-Tassen
Seite 105

**Dekoratives
Vogelfutter**
Seite 106

Samenbomben
Seite 109

Samenboxen
Seite 110

Schnittmuster Nikolausstiefel

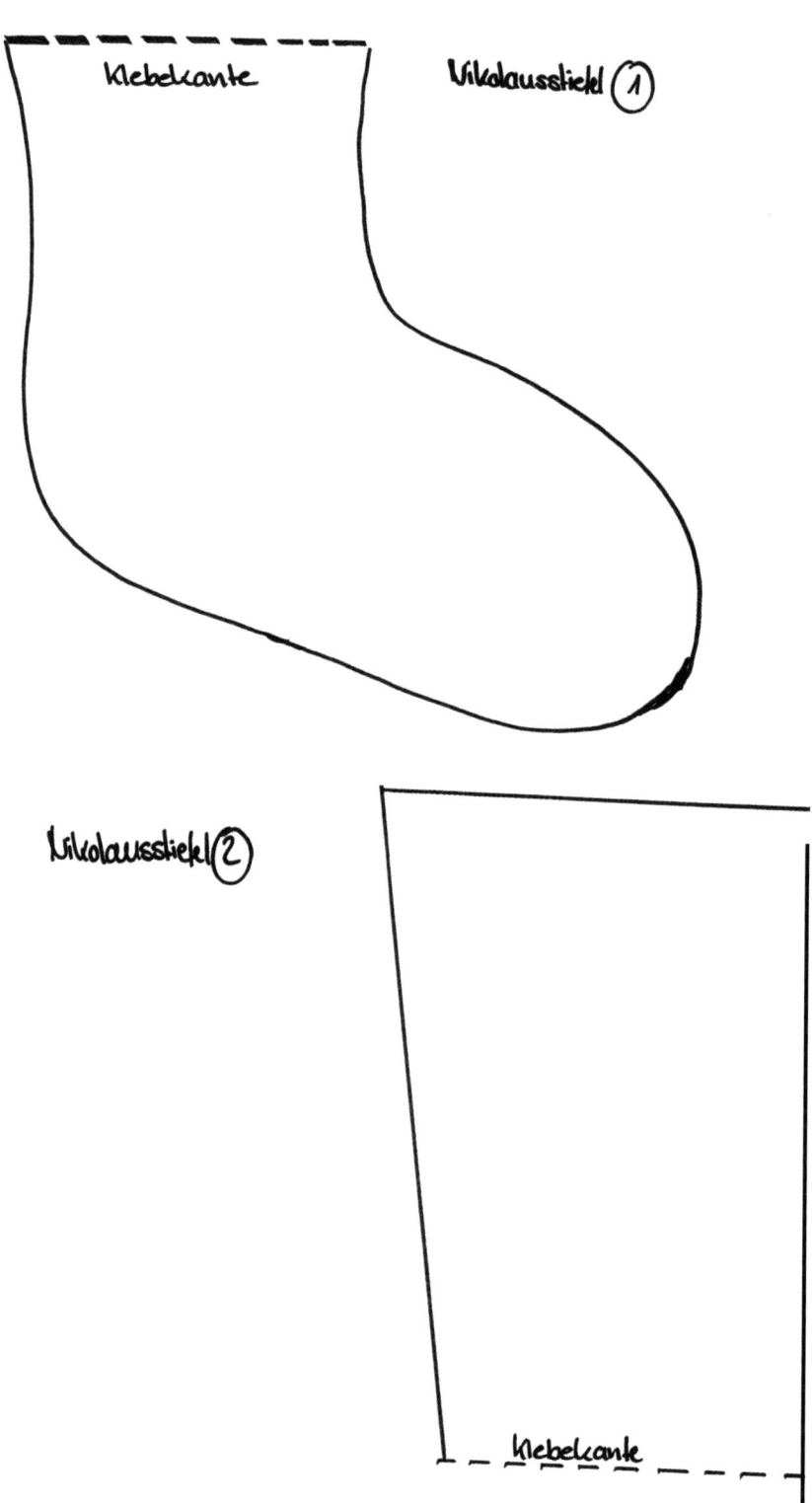

Body Scrub mit Rosenblüten 🍃

selbst gemacht • 100% Natur

Massagekerze 🍃

selbst gemacht • 100% Natur

Body Whip 🍃

selbst gemacht • 100% Natur

Glasreiniger 🍃

selbst gemacht • 100% Natur

Sprudelbad 🍃

selbst gemacht • 100% Natur

Leave in Conditioner 🍃

selbst gemacht • 100% Natur

Kissenspray für süße Träume 🍃

selbst gemacht • 100% Natur

Zitrusfrisches Körperöl

selbst gemacht • 100% Natur

Pflanzendünger 🌿

selbst gemacht • 100% Natur

selbst gemacht • 100% Natur

Etiketten zum Ausdrucken gibt es unter:
https://shop.verlagsgruppe-patmos.de/natuerlich-und-nachhaltig-401531.html

Lieben Dank,
und zwar von ganzem Herzen!

Meiner Familie
Meinem Mann Andreas, der immer an mich glaubt und meine Ideen unterstützt.
Meinen zwei wundervollen Kindern, Leonie und Lucas, die ihren ökologischen Fuß-
abdruck ganz selbstverständlich im Blick haben und mich mit beim Diskutieren aktueller
Themen ganz schön inspiriert haben.

Frau Uta Korzeniewski
Ohne sie hätte ich dieses Buch vermutlich nicht geschrieben. Danke für ihre Mühe,
Verständnis und Geduld. Es war mir eine Freude, mit ihr zusammen zu arbeiten.

Dem Jan Thorbecke Verlag
Für die Zusammenarbeit und das erneut mir entgegengebrachte Vertrauen. Danke,
dass ich den größten Freiraum hatte, das Buch nach meinen Vorstellungen umzusetzen.

Der Grafikerin Gundula Wagner-Rexin
Danke für die wunderschöne Gestaltung des Layouts

Meinen Freunden und Kolleg:innen
Danke, für das Mitfreuen, Mitfiebern und die konstruktive Kritik.
Vielen Dank an alle, die in der Zeit des Schreibens für mich da waren.

Silke Rothenburger-Zerrer